영국 상류계급의 문화

아라이 메구미 지음 | 김정희 옮김

그들은 거만해지기에는 너무 곱게 자랐다. 그리고 다른 사람을 비웃을 정도의 생기도 없었다. 단지 자신들이 난공불락이라고 너무나 확신하고 있었기 때문에 입에 담을 필요도 없었던 것이다. 그것은 그들의 시선, 대화의 화제, 어깨의 자세, 팔짱 끼는 법, 그리고 무엇보다도 그들 모두가 어떤 기준과 특정한 가치관을 공유하고 있다는 침착한 자각에서 드러나고 있었다.

— 비타 색빌웨스트 『에드워디언스(Edwardians)』 제3장(에드워디언이란 영국의 에드워드 7세 시대인 1901~1910년을 가리키는 용어로 에드워디언스는 이 시대의 상류계급 사회를 지칭함·역주)

목 차

들어가며

영국의 드라마 시리즈인 《다운튼 애비(Downton Abbey)》(2010~2015 방송, 영화는 2019)가 꾸준히 인기를 끈 데서도 알 수 있듯이 영국의 '어퍼 클래스'는 대부분의 영국인들에게는 거리가 먼 존재이지만 커다란 흥미의 대상이기도 하다. 영국의 어퍼 클래스(upper class)가 이 나라의 역사를 만들어온 것을 생각하면 그것도 무리는 아닐 것이다. 영국의 역사가 로런스 제임스는 그의 저서 『귀족들 - 권력, 우아함과 데카당스』(2009) 서문에서 다음과 같이 기술하고 있다.

> 그들은 헌법과 법률제도를 만들고 육군과 해군을 통치했다. 자신들의 미의식에 맞도록, 그리고 여우 사냥에 대한 정열을 충족시키기 위해 풍경을 바꿔놓았다. 최근에는 그들이 국민의 취미를 만들어냈고, 그들의 예의범절이 사회 전체의 행동규범이 되었다.

제임스는 여기에서 '귀족(aristocrats)'이라는 단어를 사용하고 있는데 영국의 '어퍼 클래스', 혹은 '노빌리티(nobility)'라는 계급은 작위가 있는 귀족뿐만 아니라 '젠트리(gentry)'라고 부르는 지주들도 포함한다(영국의 계급에 대해 이 책 본문에서 언급할 때는 '상류계급'이라는 표현을 사용하지 않고 '어퍼 클래스', '미들 클래스' 등의 용어를 사용하겠다). 작위는 정치적인 목적 등으로 새롭게 군주가 수여할 수 있는 것 외에 경제적으로 성공한 사람이 실질적으로 작위를 '사는' 것도 가능했기 때문에 작위를 가지고 있다고 해서 반드시 오래된 가문 출신이라고는 할 수 없다.

『백의의 여자』(1860)와 『월장석(月長石)』(1868)이라는 작품으로 알려진 작가 윌키 콜린스(1824~1889)는 1852년에 『배질』이라는 소설을 썼는데, 주인공 배질의 아버지는 작위는 없지만 집안은 '노르만인의 정복(1066년에 노르만디 공 윌리엄이 이끄는 노르만인의 군대가 잉글랜드를 정복했다) 이전까지 거슬러 올라간다'고 한다. 소설을 이끌어가는 내레이터이기도 한 배질은 아버지에 대해 다음과 같이 평하고 있다.

> 아버지에게 가문이 따라주지 않는, 지위만 있는 귀족은 귀족이 아니었다. (중략) 아버지에게는 작위는 없었지만, 준(准)남작에서 공작까지 누구든지 간에 자기 집안처럼 오래된 집안이 아니면 본인이 더 낫다고 생각하고 있었다.
>
> (제1부)

아버지는 이 신념을 행동에도 반영했다. 어느 날 작위를 수여받은 지 얼마 안 된 부자 상인과 그의 딸을 집으로 초대했다. 다른 한 명도 손님으로 초대했는데, 이탈리아에서 성직자로 지냈으나 망명한 뒤로 무일푼에 가까워 이탈리아어를 가르치는 것으로 겨우 생계를 유지하고 있는 인물이었다. 체형도 빈약하고 볼품없었지만 이탈리아의 오래된 가문의 혈통을 물려받았다. 저택에는 가족과 이 세 명의 손님 이외에 배질의 어머니의 거버니스(governess, 가정교사)를 했고 지금은 저택에서 머물고 있는 여성 한 명이 있었다(거버니스는 하인이 아니기 때문에 집안의 관습에 따라서는 가족과 손님과 함께 디너를 먹는 경우도 있다). 디너 준비가 다 되었다는 이야기를 듣자 자신이 손님들 중에서 가장 지위가 높다고 확신한 신흥 귀족은 곧장 배질의 어머니에게 팔을 내밀어 그녀와 함께 선두에 서서 다이닝 룸으로 들어가려고 했다. 그러나 그렇게는 되지 않았다. 저택의 주인인 배질의 아버지가 막아선 것이다.

> 아버지의 하얗고 푸르스름한 얼굴은 순식간에 홍조를 띠었다. 아버지는 당당한 태도를 보이는 상인 귀족의 팔에 손을 대고 깊이 인사하면서 옛날에 어머니의 거버니스를 했던 늙은 여성에게 의미심장한 시선을 보냈다.

(제1부)

아연실색한 '상인 귀족'을 내버려둔 채 배질의 아버지는 창가에 우두커니 서 있던 이탈리아 성직자를 자신의 아내 곁으로 데리고 가서 두 사람이 먼저 다이닝 룸에 들어가게 한 후, 귀족과 거버니스를 했던 여성에게 그 뒤를 따르라고 신호를 보낸 것이다.

내레이터는 아버지의 행동에 대해 특별히 평가도 비판도 하지 않고 담담하게 이야기하고 있다. 그러나 이 에피소드를 통해 주인공 배질의 집안이 작위가 없어도 얼마나 유서 있는 가문인지, 그리고 이와 같이 작위가 없어도 충분히 '어퍼 클래스'인 집안이 영국에 존재한다는 사실을 독자들이 알게 되는 것이다(단 이 아버지의 집안에 대한 프라이드가 이후에 아들 배질의 결혼을 둘러싸고 큰 비극을 초래한다는 점을 생각하면 이것은 결코 오래된 가문을 예찬하는 이야기가 아니라는 점은 명백하다).

저자인 윌키 콜린스는 풍경화를 그리던 화가의 아들로 처음에는 법률을 배웠다. 계급적으로는 이른바 '어퍼 미들 클래스(upper middle class)'에 속한다고 할 수 있다. 원래 영국의 소설이나 연극에서 주로 다루는 것은 '미들 클래스'에 속하는 사람들이다. '미들 클래스'라고 해도 찰스 디킨스와 같이 '로워 미들 클래스' 출신부터 윌리엄 새커리와 같은 '어퍼 미들 클래스'까지 다양하지만 이른바 '어퍼 클래스' 출신의 문필가들은 많지 않다. 따라서 그들이 묘사한 어퍼 클래스는 어디까지나 이미지와 스테레오타입을 바탕으로 한 것이 많다. 그렇다고는 해도 어퍼 클래스의 인물들이 20세기 이전의 소설과 연극에 빼놓지 않고 등장하는 것은 그들이 영국의 정치뿐만 아니라 문화 형성에도 큰 역할을 담당했기 때문이다.

더군다나 이 책의 본문에서도 다루고 있는 것처럼 영국에서는 귀족과 지주의 작위와 토지, 재산은 전부 장남이 상속받게 되어 있다. 즉 귀족의 아들이라도 차남 이하의 아들들은 작위가 없고 토지의 상속도 불가능해서 뭔가 직업을 가져야만 했기 때문에 그들은 이른바 '미들 클래스'로 들어가게 된다. 그렇다면 같은 가족 안에서도 '어퍼 클래스'와 '(어퍼) 미들 클래스'가 혼재하게 되고, 사교의 장에서도 '미들 클래스'보다 위 계층의 사람들이 '어퍼 클래스'의 귀족이나 지주들과 교류하거나 결혼하는 경우가 많아지게 된다.

예를 들어 제인 오스틴의 『맨스필드 파크』(1814) 첫머리에서는 워드 가문의 세 자매가 각각 목사와 준남작, 그리고 해병대 대위와 결혼한다. 준남작이란 14세기부터 있었던 작위인데, 제1장에서 설명하는 것처럼 다른 작위와는 달리 그 칭호는 서(Sir, 성이 아니라 퍼스트 네임 앞에 붙는다)로 세습되기는 하지만 '귀족'은 아니기 때문에 귀족원의 멤버가 되지는 못한다. 그래도 세 자매의 혼처 중에서는 가장 지위가 높고, 게다가 이 준남작은 커다란 저택과 토지를 소유하고 있고, 국외에도 토지를 가지고 있어서 상당히 유복하다. 그에게는 두 명의 아들이 있는데 상속권이 없는 차남은 후에 성직자가 된다. 한편 가장 지위가 낮은 남성과 결혼한 셋째 딸(주인공 패니 프라이스의 어머니)은 고용인도 두 명밖에 없는 데다 모두 제대로 훈련을 받지 못한 젊은 아가씨들이어서(남성이 높은 보수를 받았고, 남성 고용인이 몇 명 있는지에 따라서 그 집안의 지위가 드러났다) 스스로 가사와 육아를 맡고 있다. 따라서 그녀의 심신은 완전히 지쳐 있다. 같은 가족과 친척들일지라도 이와 같이 다양한 계급에 속해 있어 각기 입장이 달랐기 때문에 다양한 드라마가 전개되는 것이다. 영국의 소설과 연극의 상당수가 미들 클래스의 작가들이 쓴, 주로 미들 클래스의 인물들을 다룬 것이라 해도 그 안에 어떠한 형태로든 어퍼 클래스의 인물들이 등장하는 경우가 많은 이유는 바로 이러한 상황 때문이다.

오늘날의 영국인들이 실제로 만나거나 교류할 기회가 거의 없지만 연극, 소설, 영화, 드라마 등을 통해 그들의 존재에 익숙하고 영국의 역사와 문화의 중요한 부분으로 간주되는 '어퍼 클래스'들은 그러한 의미에서 집사나 하녀 등의 '고용인'과 유사한 존재일지도 모른다. 현재로서는 거의 접할 기회가 없지만 스테레오타입과 이미지는 확실하게 존재해서 '영국적'인 것으로 친근감을 담아 묘사되고 있는 것이다.

이 책에서는 이와 같은 영국에서의 '어퍼 클래스'에 대한 몇 가지 이미지를 다루면서 그것이 표상(表象)되는 방법에 대해 살펴보고자 한다. 이것은 결코 귀족과 젠트리의 역사를 더듬어보는 것이 아니다(그것을 하려고 한다면 상당히 야심찬 시도가 될 것이다). 이 책의 목적은 영국의 사회와 문화 속에서 어퍼 클래스가 어떠한 요소나 이미지, 실태로 알려져 있는지에 대해 몇 가지 예에 주목하면서 그 배경과 내용을 살펴보고자 하는 것이다.

우선 영국 이외에서는 물론이고 영국 내에서도 가끔씩 혼란을 불러일으키고, 특히 20세기 이후의 소설에서는 잘못 묘사되는 경우가 많은 작위와 칭호의 문제를 다루면서 그 사용법에 주목하고자 한다. 그리고 제2장에서는 영국의 상속제도에 의해 귀족과 젠트리의 차남 이하의 아들들이 '미들 클래스'로 입성하게 됨으로써 발생하는 '어퍼 클래스'와 '어퍼 미들 클래스'의 관계에 대해 살펴보고자 한다. 제3장에서는 칭호(귀족의 경우), 저택, 토지를 상속받는 장남이 반드시 운이 좋아서 안락한 삶을 살고 있었던 것은 아니라는 점을, 저택의 운영과 유지에 수반되는 문제를 통해 다뤄보도록 하겠다. 그리고 제4장에서는 그와 같은 컨트리 하우스(country house)를 유지하는 데 공헌한 미국 부호의 딸들과 어퍼 클래스 남성들 간의 결혼에 초점을 맞춘다. 제5장에서는 컨트리 하우스를 상속한 당대의 주인들이 대대로 물려받은 저택과 토지를 유지·소유하기 위해 겪어야만 했던 눈물겨운 노력을, 지금도 영국에서 가장 인기 있는 관광 코스라고 불리는 '컨트리 하우스 관광'과의 관련성을 통해 다뤄보도록 하겠다. 제6장과 제7장에서는 어퍼 클래스의 교육으로 눈을 돌린다. 제6장에서는 18세기에 성행했던 유럽 대륙의 '그랜드 투어(grand tour)', 그리고 19세기에 지금의 형태가 확립된 '퍼블릭 스쿨(public school)'에 대해 다루고자 한다. 제7장에서는 영국의 가장 오래된 두 대학, 옥스퍼드대학과 케임브리지대학 중에서도 가장 오래되고 문학작품에 많이 등장하는 옥스퍼드대학에 대해 학생 생활의 일부였던 사교를 중심으로 살펴보고자 한다. 제8장에서는 제1차 세계대전이 종결되고 제2차 세계대전이 시작되기 전의 20년 동안 매스컴의 주목을 받았던 전대미문의 젊은이들인 '브라이트 영 피플(bright young people, 향락적인 상류계급의 젊은이들-역주)'에 대해 문학작품의 표상과 실제의 예를 통해 살펴보도록 하겠다. 마지막으로 20세기 이후에 등장한 어퍼 클래스 출신의 몇 명의 '기인(奇人)'에 대해 회고록과 소설, 매스컴에 드러난 모습을 중심으로 살펴보고자 한다.

이 책에서는 이처럼 어퍼 클래스에 대한 몇 가지 이미지에 주목함으로써 그들이 어떤 형태로 영국 문화의 일부를 이루고 있는지에 대해 생각해보고자 한다. 자칫하면 국외에서는 오해받기 쉬운 영국의 어퍼 클래스에 대해, 영국 내에서 받아들여지고 있는 방식 중 일

부를 소개함으로써 영국 문화의 특징과 독자성을 조금이라고 밝힐
수 있기를 기대한다.

제1장
귀족의 칭호

2020년 1월에 영국 찰스 왕세자의 차남인 헨리 왕자와 그의 부인 메건 마클이 '주요 왕실 멤버로서의 임무를 수행하는 역할에서 한 걸음 물러나겠다(step back)'는 의지를 밝혔다. 그 후 엘리자베스 여왕, 찰스 왕세자, 헨리 왕자의 형인 윌리엄 왕자도 출석한 회의가 열렸고, 헨리 왕자 부부는 그해 봄부터 '여왕의 정식 대리인'이라는 자격을 잃게 되었다는 발표가 이루어졌다. 미디어는 부부가 희망한 대로 '한 걸음 물러나는' 것이 아니라 완전히 공무에서 '은퇴(step down)하게' 되었다고 떠들어댔다. 여기에서 이 사건의 구체적인 내용을 언급하지는 않겠지만, 이것으로 그들의 칭호가 이후 어떻게 되는지에 대해 살펴보도록 하겠다.

헨리 왕자의 정식 명칭은 서식스 공작, 덤버턴 백작, 킬킬 남작 전하(His Royal Highness the Duke of Sussex, Earl of Dumbarton and Baron Kilkeel)였고, 메건은 서식스 공작부인 비(妃) 전하(Her Royal Highness the Duchess of Sussex)였다. 헨리 왕자의 세 개의 작위는 그의 결혼식 날 아침에 엘리자베스 여왕이 수여한 것이다. 그중에서 서식스 공작은 이른바 '정식(substantive)' 작위이고, 나머지 두 개는 '부차적(subsidiary)'인 작위이다. 여러 개의 작위를 가지고 있는 경우 가장 위의 작위가 '정식', 나머지가 '부차적' 작위가 되는 것이다.

여기에서 영국의 작위를 확인해보면 위로부터 공작(duke), 후작(marquess), 백작(earl), 자작(viscount), 남작(baron) 순으로, 이들이 세습귀족

(hereditary peer)이다. 여기에 자녀들에게 작위가 상속되지 않고 1대만 유지되는 귀족(life peer), 그리고 세습제이지만 '귀족'이라고 간주하지 않고 귀족원 멤버도 될 수 없는 준남작(baronet)이 있다.

'서식스 공작'이라는 작위 그 자체는 1801년에 조지 3세의 여섯 번째 아들인 어거스터스 프레데릭(Augustus Frederick) 왕자를 위해 창설한 것이다. 왕자와 그의 아내인 레이디 어거스터스 사이에는 아들과 딸이 있었으나 두 사람의 결혼은 '왕실의 허락을 받고 이루어진 것이 아니다'라고 해서 무효가 되었고, 두 명의 자녀들도 법률적으로는 '서자'였기 때문에 작위를 상속받을 수 없었다. 한편 부차적 작위 중 하나인 '덤버턴 백작'은 스코틀랜드의 작위로 1675년에 창설되었으나 1749년에는 상속자가 없어서 사라져버렸다. '킬킬 남작'은 북아일랜드의 작은 항구에서 유래된 작위로, 헨리 왕자에게 일부러 북아일랜드의 작위를 수여하기 위해 새로 창설한 것이었다.

헨리 왕자가 공무에서 손을 뗀 경우에도 그의 작위가 사라지지는 않지만 '전하', '비전하'라는 칭호는 이후에는 사용하지 않기로 합의했다고 한다. 단 그들이 정식으로 왕실의 멤버에서 배제되는 것은 아니기 때문에 원래 '전하', '비전하'를 사용할 수 없는 것은 아니다. 한편 예를 들어 헨리 왕자의 어머니인 프린세스 다이애나는 찰스 왕세자(프린스 오브 웨일스 전하[His Royal Highness the Prince of Wales])와 결혼했을 때 프린스 오브 웨일스 비전하(Her Royal Highness the Princess of Wales)라는 칭호를 수여받았으나 1996년에 이혼한 후로는 '비전하'라는 칭호는 사용할 수 없게 되어 '다이애나, 프린세스 오브 웨일스(Diana, Princess of Wales)'

가 되었다. 프린세스는 계속 유지되지만 '왕실'을 나타내는 형용사인 Royal은 그녀가 더 이상 왕실의 멤버는 아니기 때문에 사용할 수 없다는 것이다. 다이애나 사후에 찰스 왕세자와 결혼한 카밀라의 정식 칭호는 프린세스 오브 웨일스 비전하(Her Royal Highness the Princess of Wales)이다. 그러나 카밀라는 이 칭호를 일부러 사용하지 않고 콘월 공작 부인 전하(Her Royal Highness the Duchess of Cornwall)로 알려져 있다. 콘월 공작이란 찰스 왕세자의 부차적 작위로, 카밀라는 사고로 죽은 다이애나에 대한 경의의 뜻으로(그리고 아마도 여론을 고려해서) 프린세스 오브 웨일스라는 칭호를 사용하지 않기로 한 것이다.

이처럼 한 명의 귀족이 여러 개의 작위와 그에 수반되는 칭호를 가지고 있는 일은 흔하지만 실제로 통칭으로 사용하는 것은 한 개뿐이다. 단 여러 개의 칭호를 동시에 사용하는 예로 우선 떠오르는 것은 셰익스피어의 비극인 『맥베스』(1606)이다. 셰익스피어는 한 명의 인간을 그 인간이 가지고 있는 여러 개의 칭호로 반복해 부름으로써 극적인 효과를 거두고 있다.

스코틀랜드의 장군인 맥베스는 역시 장군이자 친구인 뱅코와 함께 전쟁터에서 돌아오던 중 불길한 세 명의 마녀와 만나게 된다. 이 세 명은 각각 맥베스를 '글래미스의 영주(Thane of Glamis)', '코더의 영주(Thane of Cawdor)', '이후 왕이 되실 분'이라고 부르면서 인사를 한다. 맥베스는 자신은 분명 글래미스의 영주지만 코더의 영주는 따로 있으며, 더군다나 왕이 되는 일은 있을 수 없다고 반론한다. 때마침 그곳에 심부름꾼이 나타나 두 사람에게 코더의 영주가 배반자로 실각되었기 때문에 맥베스가 새로운 코더의 영주가 되었다는 사실을 알린다. 마녀가 말한 것 중 한 가지가 실현된 데 놀란 맥베스는 왕이 될 가능성도 고려하기 시작한다. 그리고 이것을 들은 아내 레이디 맥베스도 남편을 부추겨 국왕인 던컨이 맥베스의 성을 방문할 때 그를 암살할 계획을 세운다.

잠들어 있던 던컨을 살해한 맥베스는 아내에게 다음과 같이 이야기한다.

외치는 소리가 들렸어. "너는 더 이상 잠들어서는 안 돼! 맥베스는 잠든 자를 죽였어." (중략) "글래미스는 잠든 자를 죽였어. 그러니까 코더는 더 이상 잠들어서는 안 돼. 맥베스는 잠들어서는 안 돼!"라고.

(제2막 제2장)

1. 테오도르 샤세리오 「세 명의 마녀와 만난 맥베스와 뱅코」 1855년.

이 불길한 외침은 맥베스를 여러 개의 칭호로 부름으로써 긴장감을 높이고 드라마틱한 효과를 불러일으키고 있는 것이다.

현실에서, 특히 공작, 후작, 백작의 장남의 칭호일 경우에는 부차적 작위가 중요해진다. 이 상위에 있는 세 가지 작위의 경우, 장남은 부친의 부차적 작위를 사용한다. 이것은 정식 작위가 아니기 때문에 '예의상의 작위(courtesy title)'라고 한다.

예를 들어 잉글랜드 북부 더비셔에 채츠워스 하우스(Chatsworth House, 영국의 더비셔피크디스트릭트 국립공원에 있는 16세기에 지어진 컨트리 하우스-역주)라는 광대한 저택을 가지고 있는 제12대 데번셔 공작 페레그린 캐번디시(Peregrine Cavendish, 12th Duke of Devonshire)는 2004년에 아버지가 돌아가시고 나서 작위를 물려받았다. 그 전에는 하팅턴 후작(Marquess of Hartington)이라는 의례상의 작위를 가지고 있었다. 이 작위는 그의 아버지가 1950년에 제11대 데번셔 공작이 되었을 때 아직 여섯 살이었던 페레그린에게 수여된 것이었다. 사실 페레그린의 부친인 앤드루 캐번디시(Andrew Cavendish)는 제10대 공작의 차남으로 태어났다. 차남이기 때문에 예의상의 작위가 아니라 차남 이하에게 수여되는 '로드(Lord)'라는 칭호를 붙여서 로드 앤드루 캐번디시라고 불렸다. 그러나 형인 윌리엄이 1944년에 전사했기 때문에 아버지의 작위를 이어받게 되어 앤드루에게는 하팅턴 후작이라는 예의상의 작위가 수여되었다. 앤드루가 공작이 되자 장남 페레그린이 하팅턴 후작이 되었다.

이와 같이 칭호는 그 사람이 공작·후작·백작의 장남인지, 차남 이하의 아들인지, 그 아래의 작위를 가진 집안의 아들인지, 귀족의 딸인지, 아내인지, 이혼한 아내인지를 드러내는 구조로 되어 있다. '정식' 작위와 '예의상의' 작위의 차이점도 사실은 영어 표기로 알 수 있다. '정식' 작위는 The Duke of Devonshire라고 'The'가 어두에 붙는 반면, '예의상의' 작위는 Marquess of Hartington이라는 식으로 'The'가 붙지 않는다.

비록 영국에서 태어나서 자랐더라도 이와 같은 미묘한 차이를 아는 사람은 사실 아주 드물다. '로드', '레이디', '서'와 같은 칭호는 소설과 연극에서 자주 나오기 때문에 대략적으로 알고 있는 사람들은 많다. 따라서 여기에서는 일부러 허구의 등장인물들을 예로 들어 다양한 칭호에 대해 살펴보기로 하겠다.

영국 귀족의 칭호

작위	편지의 수신인	사교의 장에서 부르는 칭호
공작	The Duke of Westminster	Duke
공작 부인	The Duchess of Westminster	Duchess
공작의 장남	Marquess of Annandale *	Lord Annandale
공작의 차남 이하	The Lord Edward ○○	Lord Edward
공작의 딸	The Lady Catherine ○○	Lady Catherine
후작	The Marquess of Northumberland	Lord Northumberland
후작 부인	The Marchioness of Northumberland	Lady Northumberland
후작의 장남	Viscount Malverne *	Lord Malverne
후작의 차남 이하	공작의 차남 이하와 동일	
후작의 딸	공작의 딸과 동일	
백작	The Earl of Bessborough	Lord Bessborough
백작 부인	The Countess of Bessborough	Lady Bessborough
백작의 장남	Viscount Allanbrooke *	Lord Allanbrooke
백작의 차남 이하	The Hon(ourable) James ○○	Mr ○○
백작의 딸	The Lady Elizabeth ○○	Lady Elizabeth

자작	The Viscount Petersham	Lord Petersham
자작 부인	The Viscountess Petersham	Lady Petersham
자작의 아들	The Hon(ourable) Charles ○○	Mr ○○
자작의 딸	The Hon(ourable) Mary ○○	Miss Mary ○○
남작	The Lord Butterworth	Lord Butterworth
남작 부인	The Lady Butterworth	Lady Butterworth
남작의 자녀	자작의 자녀와 동일	

· ○○는 성을 나타낸다.
· *는 예의상의 작위

(*Debrett's Correct Form: Standard Styles of Address for Every one from Peers to Presidents*, Headline, 2002, pp.66~67에서)

문학작품에서의 칭호

영국의 소설과 연극, 시에는 정말 많은 귀족들이 등장하는데 여기에서는 19세기 영국 작가로 자신이 속한 계급의 사람들을 날카로운 눈으로 관찰하여 '풍습 희극'이라고도 할 만한 소설을 쓴 제인 오스틴(1775~1817)의 예를 살펴보기로 하겠다.

그녀의 가장 유명하고 인기 있는 작품은 아마도 1813년에 출판된 『오만과 편견』일 것이다. 무대는 잉글랜드 남부에 있는 마을로, 지금은 '어퍼 미들 클래스'라고 불리는 오스틴 자신이 속해 있던 계급의 사람들이 주로 등장한다. 주인공 엘리자베스 베넷의 아버지는 칭호는 없지만 연수입이 2,000파운드인 지주이자 '신사'다. 그러나 당연히 대를 이을 남자아이가 태어날 것이라는 근거 없는 낙천주의 때문에 특별히 절약과 저축을 하면서 살아오지 않았다. 5명의 딸이 태어난 후에도 베넷 부인은 희망을 버리지 않았지만 결국 포기해야만 할 무렵에는 검약과 저축을 하기에는 너무 늦었고, 심지어 부인은 원래 검약을 할 수 있는 성격의 인물이 아니었다(제3권 제8장). 토지와 저택은 한사상속제도(限嗣相続制度, 상속 방법을 한정하는 제도 대개의 경우 장남을 필두로 하여 남계의 친척 중에서 한 명의 남성이 모든 재산을 물려받도록 정해져 있다-역주)로 말미암아 베넷 씨에게 아들이 없는 경우에는 친척 중에서 가장 가까운 남성이 상속받게 된다. 이 제도에 대해서는 뒷장에서 다루겠지만, 중요한 것은 베넷 씨가 소규모이기는 해도 엄연한 지주이므로 대지주인 다아시와 엘리자베스의 결혼이 결코 '신분의 차이'가 나는 결혼은 아니라는 것이다.

다아시 씨의 어머니인 작고한 레이디 앤은 백작의 딸이고, 그녀의 자매인 레이디 캐서린은 서 루이스 드버그와 결혼했다. 거만한 레이디 캐서린은 토지와 재산이 적은 베넷가(家)를 무시하고 있지만, 같은 사교계에 있는 상대라는 것은 알고 있다. 귀족을 중심으로 한 '어퍼 클래스'와 '어퍼 미들 클래스' 간의 미묘한 관계에 대해서는 다른 장에서 다루기로 하고, 여기에서는 등장인물의 칭호에 집중하기로 하겠다.

우선 레이디 앤과 레이디 캐서린에 관해서인데, 두 사람에게 '레이디'라는 칭호가 붙은 것은 두 사람이 백작의 딸이기 때문이다. 이것은 위에서 언급한 '예의상의 칭호'로, 남성의 경우에는 '로드', 여성은 '레이디'가 된다. 그러나 이 칭호는 상당히 복잡해서 작위에 따라서도 달라진다. 예를 들어 딸의 경우, 공작과 후작, 백작의 딸은 '레이디'라는 칭호가 이름 앞에 붙지만 자작과 남작의 딸은 '디 어너러블(The Honourable)'이라는 칭호가 붙는다. 아들의 경우에는 공작과 후작, 백작의 장남(작위 계승자)과 그 아들, 그리고 공작과 후작의 차남 이하 아들에게 '로드'라는 칭호가 부여되지만 백작의 차남 이하, 그리고 자작과 남작의 아들에게는 모두 '디 어너러블'이라는 칭호가 붙는다(19~20쪽 표 참조).

레이디 앤은 다아시 씨의 작위가 없는 아버지와 결혼했기 때문에 원래는 '미세스 다아시'여야 하지만 결혼을 해도 예의상의 칭호는 사용할 수 있다. 레이디 캐서린의 경우에는 조금 더 복잡하다. 그녀의 남편이 서 루이스 드버그라는 사실은 베넷가의 먼 친척이자 상속인인 목사 콜린스 씨가 보낸 편지를 통해 드러난다.

> 저는 다행히도 서 루이스 드버그의 미망인이신 더 라이트 어너러블 레이디 캐서린 드버그의 후원을 받을 기회를 얻었습니다.
>
> (제1권 제13장)

'서'는 뒤에서 언급할 세습제가 아닌 '나이트', 혹은 '준남작'에게 주어지는 칭호이다. 서 루이스 드버그가 나이트인지 준남작인지는 끝까지 알 수 없으나 레이디 캐서린이 남편의 가계와 다아시의 가계에 대해 각각 '칭호는 없지만 훌륭하고 명예가 있는 오래된 가문'이라고 말하고 있는 점에서(제3권 제14장), 연구자들은 귀족은 아니지만 세습제의 칭호인 준남작이 아니라 나이트가 아닐까 하고 추측하고 있다. 그 아내의 경우에는 나이트든 준남작이든 원래 남편의 성 앞에 '레이디'가 붙어서 '레이디 드버그'라고 해야 한다. 그러나 레이디 캐서린의 경우에는 백작의 딸이라는 '의례상의 칭호'가 있기 때문에 결혼 후에도, 미망인이 되어서도 '레이디 캐서린'이라고 불리고 있는 것이다. '레이디'라는 칭호가 일본어로 번역하기 어려운 탓인지 번역본에서는 그녀를 '캐서린 부인'이라고 번역하는 경우가 많은데 이것은 정확한 번역이라고는 할 수 없다.

2. 레이디 캐서린 「나는 다른 사람보다 훨씬 외로움을 많이 느끼는 성격이에요」
Pride and Prejudice, 1895년판에 수록된 C. E. 브록(C. E. Brock)의 삽화.

심지어 콜린스 씨의 편지에서는 레이디 캐서린에게 '더 라이트 어너러블(the Right Honourable)'이라고 붙이고 있는데 이것은 통상 백작, 자작, 남작과 각각의 아내에게 붙이는 칭호이다(공작, 후작 부부의 경우에는 더 모스트 어너러블(the Most Honourable)이라고 한다). 백작의 딸에게는 보통 붙이지 않지만 붙여도 틀린 것은 아니다. 여기에서는 지위와 재산에 약한 속물인 콜린스 씨가 가능한 모든 칭호를 나열하여 귀족의 딸에게 최고의 경의를 표하고 있는 것이 드러나는 것이다.

제인 오스틴은 소설을 쓸 때 리얼리즘을 추구하여 사실을 정확하게 쓰는 것을 중시했다. 제인 오스틴이 조카인 안나가 쓰기 시작한 소설에 대해 어드바이스를 한 편지가 남아 있는데 그 안에는 경칭의 사용법에 대해 다음과 같이 비평하는 문장이 보인다.

> 미스터 포트먼이 처음 등장할 때 '디 어너러블'이라고 소개하는 장면이 있는데 그런 경우에는 그런 경칭은 사용하지 않아요. 적어도 내가 아는 한에서는.

(1814년 8월 10일 자, 조카인 애나 오스틴 앞으로 보낸 서간)

이렇게까지 철저한 제인 오스틴이기 때문에 그녀의 소설 안에 등장하는 칭호와 경칭의 사용법은 상당히 정확하다고 해도 무방할 것이다.

'나이트'라는 칭호는 왕실로부터 훈장과 함께 수여된다. 여기에서 자세하게 설명하지는 않겠지만 크게 두 종류로 나눌 수 있고, 편지의 수취인 이름 등으로 그 차이를 알 수 있다. 하나는 왕실이 설립한 '기사단(Orders of Chivalry)'에 속하는 것, 또 하나는 기사단 입단을 필요로 하지 않는 '나이트 배철러(Knight Bachelor)'라고 불리는 것이다. 어느 경우든 나이트에게는 '서'라는 칭호가 부여된다. 예를 들어 일본에서 태어난 작가 가즈오 이시구로(일본에서 태어난 영국 소설가로 2017년에 노벨 문학상을 수상했다-역주)는 2018년에 나이트 칭호(나이트 배철러)를 수여받아 서 가즈오 이시구로가 되었다. 나이트는 그 인물이 국가, 왕, 또는 교회에 커다란 공헌을 했다고 인정될 때 수여되는 칭호로 세습제가 아니다.

레이디 캐서린의 남편에 대해서는 '나이트'인지 '준남작'인지 알 수 없다고 했는데 『오만과 편견』에는 확실한 '나이트'도 등장한다. 베넷가가 친하게 지내고 있는 루커스가의 주인인 서 윌리엄 루커스다. 서 윌리엄이 나이트라는 칭호를 수여받은 경위에 대해 오스틴은 야유 섞인 문체로 다음과 같이 써내려가고 있다.

서 윌리엄 루커스는 메리턴이라는 마을에서 상업에 종사하고 있었는데 그는 어느 정도의 재산을 일구는 데 성공했다. 그래서 시장직을 맡게 되었고, 그때 국왕에게 인사말을 보낸 것으로 나이트라는 칭호를 수여받는 영광을 얻을 수 있었다. 그는 이 명예에 지나치게 압도된 듯했다. 자신이 하는 장사에, 그리고 작은 마을에 살고 있는 것에 싫증이 나버린 것이다. 장사와 마을로부터 떨어져 가족과 함께 메리턴에서 1마일 정도 거리에 있는 집에 정착했다. 그 집은 그때부터 루커스 로지(lodge)

라고 불리게 되었다. 그곳에서 그는 자신의 지위에 대해 즐거운 상상을 하면서, 장사 때문에 방해받는 일 없이, 주변 사람들에게 예를 다하는 것에 전념할 수 있었다.

(제1권 제5장)

이처럼 '나이트'라는 칭호는 특히 런던 등에서 장사로 성공한 사람들에게도 많이 수여되었다. 세습제가 아니라고는 하지만 이름에 '서'가 붙는 것은 크나큰 명예로, 서 윌리엄이 우쭐해한 것도 무리는 아니다. 원래 지주인 베넷가와 상인 출신이지만 칭호를 가진 서 윌리엄 가족이 사이좋게 지내면서도 서로 경쟁하는 미묘한 관계인 것도 이상하지만은 않다. 서 윌리엄의 아내는 이름에 '레이디'라는 경칭이 붙어 '레이디 루커스'가 되었다. 이 경우에도 일본어로 '레이디'를 '부인'이라고 번역해버린다면 루커스 부부는 정말로 분개할 것이다.

칭호의 복잡함

'로드', '서', '레이디'의 칭호가 이름에 붙는지, 성에 붙는지, 결혼 후에는 어떻게 되는지에 따라 그 인물이 귀족의 무슨 작위를 가지고 있는지, 장남인지, 차남 이하인지, 아내인지, 미망인인지, 또는 이혼한 전 부인인지를 어느 정도 알 수 있다는 것은 앞에서도 언급했다. 특히 20세기 이후에 이혼이 증가하자 전 부인과 새로 재혼한 부인을 구별할 필요가 생겼다. 예를 들어 20세기 작가로 영국의 어퍼 미들 클래스의 세계를 온화하고 유머러스하게 묘사한 바버라 핌(1913~1980)이라는 소설가의 경우를 보자(제인 오스틴과 비교하는 경우도 많다). 그녀의 작품『부적절한 애정』(1963년 집필, 1982년 출판)에는 레이디 샐비지라는 준남작의 아내가 등장한다. 그녀는 남편이 바람을 피워서 이혼했고, 그 남편이 다시 재혼을 했기 때문에 지금은 그녀에게 보내는 편지의 수취인 이름(봉투의 수취인 이름도)이 '레이디 (뮤리얼) 샐비지'라는 식으로 퍼스트 네임에 괄호가 붙어 있다. 영국에서는 이혼 후에도 보통 남편의 성을 사용하기 때문에 새로운 레이디 샐비지와 구별하기 위해 이와 같은 형태로 퍼스트 네임을 표시할 필요가 있는 것이다. 이혼을 하지 않았다면 그녀는 남편의 성에 경칭을 붙인 단순한 레이디 샐비지였을 것이다. 미망인이라면 '뮤리얼, 레이디 샐비지'가 되고 이혼한 남편이 재혼하지 않았다면 마찬가지로 '뮤리얼, 레이디 샐비지'다. 즉 퍼스트 네임을 괄호에 넣는 것으로 이혼한 사실만이 아니라 전 남편이 재혼한 사실까지 명백해지는 것이다. 그녀에게 칭호가 없다면 단순히 '미세스 뮤리얼 샐비지'로 괄호는 필요없는데 '레이디'라는 칭호가 있기 때문에 사정이 복잡해진다. 게다가 한층 더 상황을 복잡하게 만드는 것은 그녀가 공작, 후작, 또는 자작의 딸로 준남작과 결혼한 경우에 이처럼 괄호를 붙여서 자신의 퍼스트 네임을 표기할 수 있다는 점이다.

가끔 '레이디 뮤리얼 샐비지'라는 잘못 표기된 수취인 이름의 편지가 오는 경우도 있었다. 그럴 때 그녀는 자신이 백작, 후작, 공작의 딸이라고 상상했다. 자신이 마음 편한 미혼의 아가씨라고.

(『부적절한 애정』 제5장)

다시 말해서 그대로 괄호 없이 퍼스트 네임을 쓴 경우에는 평민과는 달리 '레이디'의 칭호가 퍼스트 네임에 붙는, 즉 앞서 언급한 '예의상의 칭호'로, 그녀가 공작, 후작, 백작의 딸이 되어버리는 것이다(단 핌의 이러한 서술은 사실 완벽하지는 않아서 편지의 첫머리에는 이처럼 '레이디 뮤리얼 샐비지'로 되어 있는데 봉투에 쓴 이름은 '레이디 (뮤리얼) 샐비지'라고 괄호가 붙어 있다).

영국의 문학작품 중에서 가장 유명한 '레이디' 중 한 명은 뭐니 뭐니 해도 D. H. 로런스의 『레이디 채털리의 연인』(1928, 우리나라에서는 『채털리 부인의 연인』, 혹은 『채털리 부인의 사랑』이라고 번역되었다-역주)의 주인공일 것이다. '서'와 달리 '레이디'라는 경칭은 준남작과 나이트의 아내뿐 아니라 공작 이외의 모든 작위의 경우에도 사용한다(공작의 경우에만 상대방을 부를 때 '로드', '레이디'가 아니라 '공작[Duke]', '공작 부인[Duchess]'이라는 칭호를 사용한다). 따라서 소설의 제목만으로는 주인공의 남편이 작위를 가지고 있었는지, 나이트였는지까지는 알 수 없으나 적어도 그녀가 그중 어느 것인가를 가진 사람의 아내라는 사실은 금방 알 수 있다(소설의 첫머리에서 결혼 후에 남편이 아버지의 뒤를 이어서 준남작이 되었다는 좀 더 자세한 지위가 밝혀진다). 그리고 이 제목은 아마도 빅토리아 시대 후기에 인기가 있었던 어퍼 클래스의 여성을 둘러싼 스캔들을 다룬 작품, 예를 들어 오스카 와일드(1854~1900)의 희곡『레이디 윈더미어의 부채』(1892, 우리나라에서는 『윈더미어 부인의 부채』라고 번역되었다~역주)와 같은 작품을 떠올리게 한다. 두 작품 모두 스캔들을 다룬 것이지만 화려한 사교계를 무대로 한 와일드의 희곡과 로런스의 소설은 당연히 분위기가 전혀 다르다. 그러나 두 작품의 제목에서 보이는 '레이디'라는 칭호가 가져오는 효과와 기대감은 중요하다.

　귀족의 칭호에 관한 이와 같은 세세한 규정들을 당연히 모든 영국인들이 알고 있는 것은 아니다. 실제로 앞에서 살펴본 것처럼 바버라 핌도 정확하지 않았다. 그리고 특히 20세기 이후의 소설과 텔레비전 드라마, 영화 등에서는 이 분야에 관한 오류가 자주 보인다. 예를 들어 영국의 저널리스트로 BBC에 근무한 경험도 있는 작가 다이애나 애플야드의 소설『불장난』(2005)은 계급과 연애를 다룬 가벼운 오락소설로, 그 안에는 다음과 같은 서술이 보인다.

　　세라가 사귀고 있는 약간 지저분한 차림새의 젊은이가 서 루퍼트 코터릴의 차남인 디 어너러블 톰 코터릴이라는 사실을 알고 세라의 어머니는 놀라며 기뻐했다. 세라는 톰과 그의 가족과 만날 때까지 이런 사람들이 아직도 존재하리라고는 생각지도 못했다.

　　　　　　　　　　　　　　　　　　　　　　　(『불장난』 71쪽)

톰의 집안은 결코 부자는 아니다. 입고 있는 옷은 세련되지도 않았고, 새것도 아니며, 낡고 커다란 집은 손질을 하지 않아 붕괴되기 일보 직전이다. 가족들은 그중에서 오직 2개의 방에서만 생활하고 있다. 톰의 어머니는 '상속'과 '상속세'를 이야기의 화제로 올리며 무슨 일이 있어도 이 집을 장남이 상속받을 수 있도록 지켜내려고 한다. 그녀는 이유는 모르겠지만 '점보(31쪽)'라고 불리고 있는데 본명은 분명하지 않다. 부엌에는 개와 고양이가 큰대자로 엎드려 있어서 세라의 어머니가 본다면 '세균이 무서워 졸도할 것이다'. 그리고 이러한 요소들은 모두 지금까지 영국의 소설과 연극에서 묘사한 어퍼 클래스의 스테레오타입 그 자체라고 할 수 있다. 어퍼 클래스이기 때문에 커다란 저택과 토지를 유지하기 위해 고생하고 경제적으로 궁핍하다. 경제적인 이유뿐만 아니라 어퍼 클래스는 남의 눈을 의식하지 않기 때문에 차림새도 신경 쓰지 않고 위생 관념도 없다. 이름에 대해서는, 예를 들어 이 책의 다른 장에서도 언급했지만, 애거사 크리스티(1890~1976)의 작품에는 매스컴이 '브라이트 영 피플'이라고 부른, 제1차 세계대전 이후부터 제2차 세계대전 이전까지의 약 20년 동안 상황에 둔감하고 대담하며 제멋대로인 행동 특성을 보여준 어퍼 클래스의 젊은이들이 등장하는데, 그들은 '빙고'나 '번들(32쪽)' 등 본명과는 거리가 먼 의미 불명의 닉네임으로 불리는 경우가 많았다. 애플야드의 '점보'도 그것을 의식한 것이라고 할 수 있다.

그러나 여기에서 가장 문제가 되는 것은 애플야드의 소설 안에서 칭호의 사용법이 틀렸다는 점이다. 세라의 남자 친구의 아버지는 '서'라는 칭호를 가지고 있기 때문에 지금까지 살펴본 것처럼 준남작이나 나이트일 것이다. 그러나 그 어느 쪽이든 그의 아들은 장남, 차남 관계없이 '어너러블'이라는 경칭으로 부를 수 없다. 보통 '미스터'라고 불러야 한다.

영국 귀족의 칭호는 이처럼 상당히 복잡해서 세부적인 것까지 머릿속에 들어 있는 사람은 소수일 것이다. 자세히 안다면 자신이 귀족의 일원이거나 혹은 귀족 집안에서 일하는 사람, 특히 집사나 주인의 하인, 가정부 등 주인이나 그의 손님과 가까운 위치에 있는 고용인일지도 모른다. 그러나 이와 같은 사항에 대한 정보를 제공해 줄 수 있는 서적도 예부터 존재했다.

여기서 다시 제인 오스틴의 경우로 돌아가보면, 그녀가 마지막으로 완성한 소설『설득』(1818)의 첫머리에는 히로인인 앤 엘리엇의 아버지, 즉 준남작인 서 월터 엘리엇이 자신이 좋아하는 책을 읽고 있는 장면이 나온다. 그것은 바로『준남작명감(Baronetage)』이다. 옥스퍼드대학 출판국에서 나온『설득』의 주석을 붙인 연구자 존 데이비는 이것은 아마 디브렛(Debrett)사가 1808년에 발간한 전 2권으로 된『잉글랜드 준남작명감』일 것이라고 추정하고 있다. 귀족명감과 준남작명감에는 몇 가지 종류가 있는데, 가장 많이 알려지고 현대인들도 읽고 있는 것은 아마도 디브렛사가 발행한 명감일 것이다(1826년에 가계도 연구자인 존 버크가 처음으로 출판한『버크의 귀족명감』도 유명하지만 19세기 후반에는 이 책이 정확하지 않다는 지적도 나왔다. 또한 버크는 1833년에『버크의 지주명감』도 출판했다. 참고로 《다운튼 애비》에서는 집사인 커슨이 저택에 오는 손님을『버크』에 실려 있는지 아닌지로 품평하는 장면이 나온다).

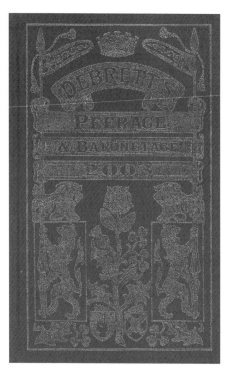

3. 디브렛 『귀족·준남작명감』 2003년판 표지

존 디브렛은 1802년에 『잉글랜드, 스코틀랜드와 아일랜드의 귀족명감』 전 2권을, 3년 후에는 『준남작명감』을 발간했다. 각각의 서명대로 국내의 귀족과 준남작 집안에 대해 역대 당주(當主)의 이름과 결혼한 해, 결혼 상대의 이름과 부모, 아이가 태어난 해와 이름 등의 정보가 자세히 실려 있다. 이것을 보면 그 집안이 오래전부터 귀족이었는지, 새로 귀족이 된 집안인지를 한눈에 알 수 있다. 『설득』의 서 월터에게 『준남작명감』은 마음에 드는, 사실은 '즐겨 읽는 유일한 책'으로 기분 나쁜 일이 있어도 이 책만 읽으면 그는 기분이 밝아진다. 그는 자신의 가족에 대한 것만 읽고 있으며, 그 역사와 지위에 대해 서술한 부분을 읽고는 기뻐한다. 서 월터의 경박할 뿐 아니라 허영심과 자기애 탓에 드러나는 강한 자기중심적인 성격이 이 첫머리의 겨우 몇 줄을 통해 독자에게 전달되는 것이다.

디브렛은 후에 『귀족명감』과 『준남작명감』을 한 권으로 정리했다.

서두에는 잉글랜드, 스코틀랜드, 아일랜드의 귀족 작위에 대한 해설, 각각의 칭호, 편지를 쓸 경우 봉투에 수취인을 쓰는 방법, 편지 첫머리에 상대방의 이름을 어떻게 쓸 것인가 하는 등의 자세한 정보가 들어 있어 귀족과 그 가족을 부르는 방법에 대해 알고 싶을 때 적합한 가이드 역할을 한다. 단 영국의 귀족과 준남작 가문에 대한 정보가 전부 담겨 있기 때문에 상당히 두꺼울 수밖에 없다. 필자가 가지고 있는 2003년판을 보면 총 1,136쪽이나 되어 꽤 무겁다. 지금은 전자판도 나와 있고(2021년에 종이판은 폐지되었다), 디브렛사의 웹쪽를 통해서 귀족의 칭호에 관한 정보는 무료로 제공받을 수 있다. 또한 디브렛사는 매너에 관한 책과 로열 에스코트(Royal Ascot, 경마), 헨리 로열 레가타(Henley Royal Regatta, 보트 레이스) 등 각종 어퍼 클래스의 이벤트에서 갖추어야 할 예의범절, 드레스 코드 등에 관한 가이드북도 발행하고 있다. 대화법과 매너 등에 관한 트레이닝도 실시하고 있어서(온라인 코스도 있다) 영국 어퍼 클래스에 관한 신뢰할 만한 자료라고 할 수 있다. 『귀족명감』은 서 월터의 경우처럼 애독서까지는 아니지만 귀중한 참고서인 것이다.

제2장
'영거 선'과 어퍼 미들 클래스

영국의 귀족이 유럽의 귀족과 가장 다른 점은 작위가 장남에게만 계승된다는 점이다. 제2대 리즈데일 남작(2nd Baron Redesdale)의 딸로, 어퍼 클래스의 생활과 문화를 유머러스하게 그려 인기를 모은 작가 낸시 미트퍼드(1904~1973, 일본의 근대기로 메이지 천황의 재위기간을 일컫는 메이지 시대[1868~1912]에 외교관으로 일본에 왔던 앨저넌 미트퍼드[Algernon Mitford]의 손녀다-역주)는 1956년에 문예지 『인카운터(Encounter)』(1953~1991)의 의뢰로 쓴 에세이 「영국의 귀족」에서 '영거 선(younger son)'을 다음과 같이 설명하고 있다.

유럽 대륙에서 영거 선인 아이들과 자손들은 모두 백작과 남작인데 영국에서 그들은 작위가 없고 디너에서는 나이트보다도 아랫자리에 앉는다. 게다가 영국에서 가장 유복한 귀족의 영거 선이나 딸이라도 영국의 관습대로 적은 재산만 물려받을 수 있다. 겨우 생활할 수 있는 정도다.

'영거 선(커뎃[cadet]이라고도 한다)'이란 '차남 이하의 아들들'이라는 의미로, 이 경우에는 특별한 의미가 포함되어 있다. 미트퍼드의 소설 『추운 나라에서의 연애』(1949)에서는 몬트도어 백작 부인이라는 인물이 딸의 결혼 상대 후보가 '장남(eldest son)'이라는 것에 만족한다. 백작 부인에게 '장남'이란 어디까지나 귀족의 장남으로, '주변의 존스 씨나 로빈슨 씨의 가장 위의 아들이 장남이라는 것은 조금도 염두에 두지 않는다'(제10장). '영거 선'의 경우에도 마찬가지로, "그 사람은 좋은 사람이지만 영거 선이야"라는 문맥에서는 단순히 차남이나 셋째 아들이라는 것을 의미하는 것이 아니라 귀족, 또는 작위는 없어도 '한사상속제도'가 적용되는 지주의 '차남 이하의 아들', 즉 작위도 재산도 상속받지 못하는 불리한 입장에 있는 아들들을 가리킨다. 위의 글은 다음과 같이 이어진다.

이와 같은 아들들은 장남과 똑같은 교육을 받지만 성인이 되자마자 스스로의 힘으로 살아가라고 집에서 쫓아낸다.

미트퍼드의 이 묘사는 약간 극단적이기는 하지만 장남과 같은 교육을 받고 같이 자랐으면서도 '영거 선'은 성인이 되면 스스로 생계를 꾸려야 한다는 요구를 받는다. 즉 토지의 수익으로 생활하는 것이 아니라 특정 직업에 종사하면서 보수를 받아 생활하게 되는 것이다. 역사학자인 로런스 스톤과 진 퍼티어 스톤의 공저『해방된 엘리트? - 1540년부터 1880년의 잉글랜드』(1984)에는 유럽과 달리 영국에서는 영거 선이 이 제도 때문에 항상 계급적으로 '밑으로 이동'하고 있다는 설명이 나온다.

몇 세대에 걸쳐 영거 선은 사회제도 안에서 조금씩 밑으로 흘러들어갔다. 그들에게는 어느 정도의 교육, 어느 정도의 재산, 그리고 영향력이 있는 후원자가 있어서 그들의 도움으로 새로운 생활을 시작해야만 했다.

(5쪽)

영거 선의 직업

물론 이런 경우에 그들이 종사하는 직업이 무엇이든 좋을 리는 없
다. 제인 오스틴의 『맨스필드 파크』에서는 준남작인 서 토머스 버트
럼의 '영거 선'인 에드먼드가 자신이 종사할 가능성이 있는 직업에
관한 질문을 받은 후 다음과 같이 이야기한다.

> "미스터 버트럼, 당신은 성직자가 되시는군요. 조금 놀랐어요."
> "왜 놀라지요? 알고 계신 대로 저는 어느 직업(profession)에 종
> 사해야 합니다. 그리고 제가 법률가도, 병사도, 배를 타는 것도
> 아니라는 것은 아시겠지요?"

(제1권 제9장)

여기서 에드먼드의 대화 상대는 맨스필드 파크에 사는 목사의 처
제인 메리 크로퍼드다. 메리는 오빠인 헨리와 함께 목사관에 놀러
와서 서 토머스의 두 명의 아들에게 적지 않은 흥미를 느끼게 된다.
세속적인 그녀는 작위와 재산을 상속받는 장남인 토머스에게 우선
관심을 가지지만, 그 이상으로 차남인 에드먼드에게 끌리고 있다는

사실을 점차 깨닫게 된다. 그러나 형부의 생활과 수입을 가까이서 본 탓에 '목사'라는 직업을 높이 평가할 수 없었고, "다른 직업이라면 훌륭한 업적을 쌓을 수 있을 텐데 성직자라면 어렵겠지요"라고 말해서 그녀에게 이미 호감을 느끼고 있던 에드먼드를 실망시킨다.

여기에서 말하는 '직업'이란 어퍼 클래스의 '영거 선'들이 주로 종사했던 '전문적인 직업'이라고 불리는 일, 즉 육군과 해군의 사관, 외교관, 성직자, 그리고 법률가(변호사. 영국에서 변호사는 지금도 법정에서 변론을 하는 '법정변호사[barrister]'와 고객과의 교섭 등 사무적인 업무를 담당하는 '사무변호사[solicitor]'로 나뉘는데 영거 선들은 법정변호사가 되었다)다. 그리고 금융과 무역에 종사하는 사람들도 있었다. 이러한 직업들은 모두 '특수한 능력과 연줄을 필요로 하는 일'이지만 어떤 형태로든 수당과 월급을 받는 일임에는 틀림없다. 미트퍼드는 「영국의 귀족」에서 "귀족이 살아가는 목적은 돈을 위해 일하는 것이 아니라고 단언할 수 있다"고 언급했는데, 이러한 영거 선들은 필연적으로 그 아래 계급, 즉 누군가에게 보수를 받기 위해서 일하는 이른바 '미들 클래스'로 진입하게 된다. 그렇기 때문에 같은 가족 안에서도 귀족과 대지주인 '어퍼 클래스'와 보수를 얻어 생활하는 '미들 클래스'가 혼재하게 되는 것이다.

어퍼 클래스의 '영거 선'이 직업을 가짐으로써 그 사회적 지위가 낮아지는 반면에 이러한 '전문적인 직업'에 종사함으로써 사회적 지위가 올라가는 사람들도 있었다. 소규모의 상인과 작은 농장을 가진 사람들의 아들들, 이른바 '미들링 소트(middling sort, 한가운데 사람들)'라고 불린 종래의 미들 클래스다. 역사 연구가인 로리 무어는 『불안정한 수입의 신사들 - 제인 오스틴이 묘사한 잉글랜드에서의 영거 선의 처신 방법』(2019)에서 다음과 같이 정리하고 있다.

> 이러한 직업에 종사하는 좋은 가문 출신의 대부분의 영거 선들은 사회계층이 낮아지는 한편, 부르주아의 아들들은 자신들의 아버지보다도 높은 지위(사회적인 의미로, 경제적으로 반드시 높아지는 것은 아니다)를 손에 넣어 그것을 지켜가고자 노력했다. 그 결과 서로 간의 마찰과 계급에 대한 집착이 생기고 감정 싸움을 하는 경우가 많아졌다. 그러나 동시에 그들에게는 출신을 뛰어넘는 동료 의식, 그리고 직업을 둘러싼 집단적인 귀속 의식도 싹텄다.

(215쪽)

나중에 '어퍼 미들 클래스'라고 불리게 되는 이 계급은 이처럼 '위에서 아래'와 '아래에서 위'로 이동한 사람들이 혼재하는 사회적인 계층으로, 그렇기 때문에 그 특징과 계급의식도 좀 더 복잡해지는 것이다.

그렇지만 오스틴이 살던 시대에는 '아래에서 위'로 이동하는 것이 그렇게 쉬운 일은 아니었다. '전문적인 직업'에 종사하기 위해서는 연줄과 강력한 후원자가 필요했다. 더군다나 성직자가 되기 위해서는 대학에 가야만 했고, 법률가가 되기 위해서는 대학에 가든지 법학원(Inns of Court)에 소속되어 견습생(pupil)으로 현역 법정변호사 곁에서 법률 지식과 일을 배울 필요가 있었다. 대학을 나오지 않은 견습생은 최저 5년간 법학원에 소속해야 했고, 심지어 그 동안에는 월급을 받지 못할 뿐만 아니라 자신이 배우고 있는 법정변호사에게 사례비를 지불해야 했기 때문에 경제적으로 유복하지 않으면 그런 과정을 밟는 것이 불가능했다.

계급과 군대

군대의 경우에는 사정이 조금 달랐다. 여기에서도 연줄과 후원자를 얻는 것은 중요했지만, 육군에서 장교가 되기 위해서는(영거 선은 당연히 처음부터 장교의 지위를 얻지만) 장교의 지위(commission)를 '살' 필요가 있었던 것이다. 능력과 적성을 완전히 무시하는 듯이 보이는 이 이상한 관습에 대해 사회학자인 필립 엘리엇은 그의 저서 『전문적 직업의 사회학』(1972)에서 다음과 같이 언급하고 있다.

이 구매제도는 적절한 사회적 배경을 바탕으로 한 장교 채용법이라고 해서 정당화되고 있었다. 그렇게 함으로써 프로인 장교 집단이 만들어지는 것을 막을 수 있었던 것이다.

(25쪽)

육군 장교가 '프로'여서는 안 된다는 것은 기묘한 논리다. 엘리엇에 따르면 싸우는 것에 능한 '프로' 장교의 존재는 '사회에서 각종 투쟁을 일으킬 우려'가 있으며, 원래 육군 장교에게 요구하는 요소, 즉 마술(馬術), 용기, 명예심, 의무감, 리더십 등은 모두 어퍼 클래스의 자제들이 겸비해야 할 것으로 인식되고 있었던 것들이다. 이러한 사고방식은 훗날 제1차 세계대전에서 퍼블릭 스쿨을 갓 졸업한 10대의 어퍼 클래스 출신 젊은이들이 장교 신분으로 전장에서 목숨을 잃었을 때도 어퍼 클래스를 이상화하고 퍼블릭 스쿨의 이미지를 높이는 데 공헌했다. 영국 문화에서는 지식과 교양, 혹은 스포츠와 악기 등의 기술 모두에 대해 열심히 공부해서 '전문가'가 되는 것을 높이 평가하지 않는 경향이 있다. 어떤 것이든지 '아마추어'로 있는 편이 품격이 있다고 생각한다. 엘리엇은 육군 장교직 구매제도도 이러한 아마추어리즘(amateurism)의 일환이라고 설명하고 있다.

해군에는 또 다른 제도가 있었다. 배를 다루기 위한 특별한 기술이나 지식이 요구되기 때문에 상당히 이른 연령(13세나 14세)에 입대해야 했다. 어퍼 클래스의 자녀인 경우에는 우선 지인, 또는 지인으로부터 소개받은 선장의 '부하(servant)'라는 자격으로 배에 타서 훈련을 쌓아간다. 이 견습생의 경우에는 법률가와는 다르게 사례금을 지불할 필요도 없고, 육군처럼 장교직을 살 필요도 없기 때문에 경제적으로 별로 여유가 없는 영거 선들이 선호했다. 제인 오스틴의『맨스필드 파크』에서도 경제적으로 윤택하지 않은 가정 출신인 주인공 패니의 오빠 윌리엄이 준남작인 숙부 서 토머스의 연줄로 해군에 입대해 출세를 노린다. 1729년에는 포츠머스에 해군 장교 후보를 교육하기 위한 해군병학교가 창립되어 그곳을 통해 해군에 입대하는 길도 열렸다. 예를 들어 제인 오스틴의 오빠인 프랜시스와 남동생인 찰스는 둘 다 해군 장교로, 모두 이 해군병학교를 졸업했다. 다만 당시에는 입학자 수가 극히 적어서 프랜시스가 입학한 1786년의 신입생은 열두 명밖에 되지 않았고, 찰스가 입학한 해인 1791년에는 그를 포함해 네 명이었다고 한다. 이런 학교가 생겨도 '선장의 연줄'이라는 통로를 선호했던 것이다. 오스틴의 집안처럼 아버지가 해군에 유력한 지인이 없는 시골의 목사인 경우에 해군병학교는 그들에게 고마운 존재였을 것이다.

성직자에 대해서

한편 성직자가 되기 위해서도 '연줄'과 재력이 필요했다. 역사가인 트레버 메이의 『빅토리아 조의 성직자』(2006)에 따르면 18세기 말 영국 국교회의 성직자들에게는 '돈을 버는 천박한 요소가 없었기' 때문에 성직자는 육군 사관 등과 마찬가지로 신사에게 적합한 직업으로 인식되고 있었다(11쪽).

또한 성직자도 높은 지위에 오르기 위해서는 유력한 후원자나 성직록(聖職祿, 교회의 교직에 종사하며 교회 재산에서 일정한 수익을 얻을 권리. 그로써 생기는 수입)을 얻기 위한 재력이 필요했다. 예를 들어 오스틴의 부친인 조지 오스틴은 유복한 숙부인 프랜시스 오스틴이 어느 교구의 성직록을 구입한 것을 받아서 목사가 되었다. 당시 목사가 되려면 옥스퍼드대학이나

4. 프랜시스 오스틴(왼쪽)과 찰스 오스틴

케임브리지대학을 졸업하는 것이 거의 필수 조건이었는데, 그것만으로는 성직에 종사할 수 없었다. 목사가 되기 위해서는 어느 교구에 갈 것인가 하는 자리가 미리 마련되어 있어야 했다.

『맨스필드 파크』에서는 에드먼드의 형이자 준남작 가문의 후계자인 톰이 낭비벽 때문에 큰 빚을 지게 된다. 아버지인 서 토머스는 그 빚을 갚기 위해 에드먼드에게 넘겨주려던 맨스필드 파크의 교회 목사직을 다른 사람에게 넘겨야만 했다. 이 일로 서 토머스는 장남을 심하게 비난하는데 다행히도 다른 교회의 자리를 차남에게 줄 수 있게 되어 에드먼드는 무사히 성직자가 될 수 있었다.

이처럼 부친과 친척에 의해 자리를 마련한 영거 선은 그나마 나은 편이었다. 트레버 메이는 『빅토리아조의 성직자』에서 연줄이 전혀 없는 부목사가 한탄하는 내용을 인용하고 있다.

제가 귀족의 건너건너건너건너 사촌이라면 성직록을 손에 넣을 수 있다는 희망이 조금이라도 있었을지 모르지만, 제가 아는 한 공작의 피가 한 방울도 흐르지 않기 때문에 아무도 제 후원자가 되어주지 않을뿐더러 도와주지도 않을 겁니다. 저는 아마 평생 부목사로 지내겠지요.

(12쪽)

성직자가 되는 과정으로, 처음에는 부목사가 되어 예배를 돕거나 세례와 장례식 등을 치르는 훈련을 쌓는데, 바로 목사로 승진하지 못하고 '평생 부목사'에 머무는 인생은 수입도 지위도 낮아서 비참했다. 영어에 '부목사의 달걀(curate's egg)'이라는 표현이 있다. 좋은 것과 나쁜 것이 섞여 있는, 옥석이 혼합되어 있다는 뜻이다. 그 어원은 주교의 집에서 머물고 있었던 부목사에게 아침 식사로 썩은 달걀이 나온 것에서 유래되었다고 한다. 주교가 "어, 당신의 달걀은 썩은 것 같은데"라고 말하자 주교의 비위를 맞추는 데 필사적이었던 부목사는 "아닙니다. 당치도 않으십니다. 정말 맛있는 부분도 있습니다"라고 답했다고 한다. 이 일화는 1895년에 간행된 『펀치』의 만화를 통해 널리 알려지게 되었는데, 사실은 같은 제재의 만화가 그해 5월에 『주디』라는 풍자 잡지에도 게재되었다. 『주디』의 편집자는 『펀치』가 자신들의 것을 훔쳤다고 항의했지만 『펀치』가 잡지로서는 훨씬 인기가 있었기 때문에 지금은 이 표현의 원전을 『펀치』라고 인식하고 있다. 그러나 둘 중 어느 쪽이든, 부목사의 입장과 이미지를 잘 나타내고 있는 일화라고 할 수 있다. 실제로 영국 문학에서 부목사는 이처럼 성직자가 되기는 했지만 후원자도 재력도 없기 때문에 승진하지 못하는 로워 미들 클래스(lower middle class)로 묘사되는 경우가 많다. 예를 들어 H. G. 웰스(1866~1946)의 SF소설『우주전쟁』(1897)에서는 부목사가 화성인의 습격을 받고 패닉 상태에 빠져 울부짖는, '어리석은 여자처럼 억제하지 못하고' 무슨 행동 하나 제대로 못 하는 한심한 인물로 등장한다.

한편 어퍼 클래스의 영거 선이나 원래 어퍼 미들 클래스의 신사로서, 연줄도 재력도 충분한 사람들에게는 성직자가 그 임무를 수행하면서도 독서나 사냥 등 '신사적'인 취미에 탐닉할 수 있는 쾌적한 직업이었다.『맨스필드 파크』에서 메리 크로퍼드가 에드먼드가 성직자가 되는 것에 불만을 표시한 것도 그것이 그의 지위에 어울리지 않기 때문이 아니라 다른 '신사적'인 직업과 비교해볼 때 자칫하면 나태하고 자기중심적이 되기 쉬운 직업이라고 인식했기 때문일 것이다. 실제로 그녀의 형부는 최대의 관심사가 요리여서 식사가 마음에 들지 않으면 아내에게 성질을 부리는 인물이었기 때문에 더욱 그랬을 것이다. 그와 동시에 주교와 대주교가 된다면 '성직귀족(Lord Spiritual)'이 되어 경제적으로도 사회적으로도 더할 나위 없는 지위를 얻을 수 있으나 이 지위에 도달할 수 있는 성직자는 겨우 한 줌뿐이었다. 따라서 그녀는 다른 직업을 선택하는 편이 출세의 가능성이 더 크다는 점도 고려했을 것이다. 그러나『맨스필드 파크』에서는 에드먼드는 물론 서 토머스도 목사관에서 제대로 살면서(당시에는 다

른 곳에 살면서 일은 부목사에게 맡기고 자신은 최소한의 것만 하는 목사들도 적지 않았다) 임무를 수행해
야 한다고 생각하고 있어서 그에 대한 논의도 작품에서는 상당 부
분 묘사되어 있다.

아버지와 오빠가 목사였기 때문이었을까, 제인 오스틴은 작품 속
에 다양한 목사들을 등장시키고 있다. 에드먼드와『노생거 사원』의
헨리 틸니와 같이 어퍼 클래스와 신사의 아들들도 있는가 하면,『오
만과 편견』이나『에마』와 같이 품성은 별로 좋지 않지만 운 좋게 후
원자를 찾아내어 그 덕택에 어쨌든 목사의 지위를 얻은 인물들도
있다.『오만과 편견』의 미스터 콜린스는 베넷 씨의 먼 친척이자 장
차 베넷 씨 저택의 주인이 될 인물로, 신사인 것은 분명하다. 레이
디 캐서린이라는 후원자를 얻어 우쭐해지는 것도 성직자에게 후원
자가 얼마나 중요한지를 고려해보면 이해가 가는 부분이다. 또한
『에마』의 미스터 엘튼은 성직자라는 자리를 차지하고 있는 덕분에
신사라는 전제를 충족시키고 있다. 따라서 그가 마을 명문가의 여
식인 에마의 결혼 상대로 자신이 적합하다고 생각하는 것도 무리
는 아닐 것이다. 장학금을 받아서 이른바 아래 계급에서 '올라와' 성
직가가 된 인물이라도 시골 마을에서는 그곳의 지주를 중심으로 한
사교계에 진입할 수 있었고, 또한 마을에서는 성직자의 영향력도
컸다. 오스틴이 그리는 '우스꽝스러운' 목사들은 이와 같은 상황에
서 지나친 자신감을 얻어 '착각'하는 인물들로 묘사되고 있다.

마찬가지로 다른 '신사적인 직업'들도 어퍼 클래스와 미들 클래스
가 만날 수 있도록 기회를 제공하는 직업이지만 성직의 경우에는

특히 그 요소가 강하다고 할 수 있다.

19세기가 지나면서 법률과 성직이 '아마추어'에서 '프로페셔널'로 이행해가자 연줄에만 기대지 않고 훈련을 받고 들어오는 미들 클래스가 늘어나게 된다. 그리고 이와 같은 '신사적인 직업'은 '어퍼 클래스'와 '미들 클래스'를 잇는 '어퍼 미들 클래스'를 형성하게 되는 것이다.

어퍼 미들 클래스

데이비드 캐너딘은 『영국 귀족의 흥망』에서 영국 국교회의 주교인 에드워드 스튜어트 탤벗(Edward Stuart Talbot, 1844~1934)에 대해 다음과 같은 에피소드를 소개하고 있다. 탤벗의 할아버지는 제2대 탤벗 백작이고, 아버지는 그의 넷째 아들이었다. 따라서 탤벗은 태어난 시점부터 작위를 계승할 가능성이 극히 희박해서 귀족의 자제가 많은 이튼 칼리지(Eton College)가 아니라 '귀족적이지 않은' 차터하우스 스쿨(Charterhouse School)이라는 퍼블릭 스쿨에서 교육을 받았다. 탤벗의 어머니는 아들과 같은 입장에 있는 사람들에게는 이와 같은 학교에서 교육을 받는 것이 매우 바람직하다고 주장했다. 또한 그녀는 아들에게 탤벗과 같은 귀족 가문에서 태어났지만 작위를 계승하지 않는 사람들은 직업에 종사할 계급과 '인연'을 맺어야 하며, 귀족의 좋은 요소를 그들에게 전달하면서도 그들이 자신과 동등한 입장에 있는 동료라고 생각해야 한다고 역설했다고 한다(295쪽).

물론 영거 선 중에는 재산을 상속받아 직업을 가지지 않는 사람들도 있었다. 『맨스필드 파크』에서도 메리 크로퍼드는 "보통 차남에게는 숙부나 할아버지가 재산을 남겨주는 법이지요"라고 말하는데, 에드먼드는 "그것은 상당히 좋은 관습이지만 어디에서나 그런 식으로 되지는 않습니다. 예외도 있어서요, 저는 그 예외의 경우에 해당하는 한 사람입니다"라고 하면서 쓴웃음을 짓는다(제1권 제9장. 실제로 제인 오스틴의 오빠 중 한 명인 에드워드는 아버지 쪽 친척의 재산을 상속받는 은혜를 입었다. 따라서 이 대목은 집안에서 이루어진 일종의 농담에서 가져온 것인지도 모른다). 또한 장남이라도 아버지의 재산이 저택과 토지를 유지하는 데 충분하지 않거나 혹은 단순히 직업을 가지고 싶다는 이유로 일을 선택하는 사람들도 있었다. 그러나 이러한 경우는 어디까지나 예외였다.

이렇게 해서 영거 선은 최종적으로 집에서 나와 '미들 클래스'로 진입하게 된다. 앞에서 언급한 대로 귀족 출신인 그들이 종사하는 직업도, 그들 자신도, '어퍼 미들 클래스'로서 다른 '미들 클래스'와 구별되고 있었다(이와 관련해 『옥스퍼드 영어사전』 제2판의 정의를 참조하면 '어퍼 미들 클래스'란 '상류사회에서 어퍼 클래스의 바로 밑에 위치하는 계급'이라고 되어 있다. 초출은 1872년이다). 그리고 19세기 후반에서 20세기에 걸쳐 교육이 보급되자 더 많은 '아래 계급'의 사람들이 이와 같은 직업을 목표로 삼게 된다. 『영국 귀족의 흥망』에 따르면 1930년대가 되면 그로부터 50년 전과는 달리 공무원, 법률가, 성직자, 군인이 더 이상 귀족의 권력과 지주의 특권을 반영한 직업이라는 의미를 가지지 못하게 되었다고 한다(238쪽). 예를 들어 군대에서는 1871년에 장교직의 구매가 폐지되었고, 샌드허스트 (Sandhurst)나 울위치(Woolwich) 등의 사관학교에서는 입학시험제도를 도입했다. 마찬가지로 공무원의 경우에도 시험제도가 도입되었다. 강력한 연줄, 후원자를 가진 가문과 신사다움이 강점이었던 영거 선들은 '실력'을 가진 미들 클래스, 나아가 그 아래 계급의 후보자들과 경쟁할 수밖에 없게 된 것이다. 캐너딘의 말을 빌리자면 '직업의 모든 분야에서 옛날의 아마추어적이고 전통적이며 신사적인 기풍은 퇴각해버린 것이다'(238쪽). 그 대신에 입학시험에 합격하는 것에 능한 사람들이 이러한 전문적인 직업으로 물밀듯이 들어오게 된다. 그리고 그들은 이러한 직업에 종사하면서 어퍼 클래스들과 접점을 가지게 되는데, 그 때문에 자신들이 그 아래의 '미들 클래스'와는 다른 존재라는 자부심을 가질 수 있게 되었다.

U와 non-U

한편 귀족과 지주 집안 출신인 영거 선이나 그 가족들은 작위와 재산이 없어도 부모와 조부모에게 '귀족적'인 말솜씨와 습관을 철저하게 배웠기 때문에 자신들이 분명히 '어퍼 클래스'와 밀접한 관계가 있다는 것을 자각하고 있다. 예를 들어 발레 평론가 리처드 버클 (1916~2001)의 경우, 아버지는 상인 집안에서 태어나 군인이었지만 어머니는 공작 가문 출신이었다. 제1차 세계대전으로 아버지를 여의

고 어머니의 손에서 자란 버클은 어머니에게 받은 예절교육에 대해 다음과 같이 회상하고 있다.

유일한 부모였던 어머니는 사람들에게 미움받지 않는 인간이 되게 하기 위한 기본적인 규범을 가르쳤다. 냄새나지 않는 것, 안절부절하지 않는 것(지금도 다리를 꼰 채 발을 떨고 있는 인간을 보면 정신이 이상해질 지경이다), 말하고 있는 상대에게 너무 가까이 다가가지 말 것, 극장에서 초콜릿을 먹지 말 것, 반지를 끼려거든 왼손 새끼손가락에 낄 것, 베스트의 가장 아래 단추는 채우지 말 것 등등. 그리고 넥타이와 같은 무늬의 손수건을 가지고 있는 것은 소름 끼치는 것이었다. 오픈 셔츠를 입고 있는 경우에는 (뭔가 스포츠를 하기 위해) 칼라를 겉옷 위로 펼쳐서는 안 된다.

『완전히 신사라고는 할 수 없다』 79쪽)

이와 같은 리스트는 계속 이어지는데, '냄새나지 않는 것'과 '안절부절하지 않는 것'은 그렇다 치고, 나머지는 왜 남들에게 '미움받는' 것인지 알 수 없는 것들뿐이다. 여기서 말하는 '미움받지 않는' 것이 다시 말해서 '신사가 하지 않는' 것이라는 사실은 알 수 있어도 '극장에서 초콜릿을 먹지 않는' 것이라든지, '베스트의 가장 아래 단추는 채우지 않는' 것이 왜 '신사'다운 것인지는 생각만으로는 알 수 없다 (에드워드 7세가 살이 너무 찐 나머지 가장 아래 단추를 채우지 않았기 때문이라는 설도 있지만 정확하지는 않다). 바로 그러한, 잘 이해할 수 없는 지표들을 가지고 '어퍼 미들 클래스'

중에서도 '어퍼 클래스'에 가까운 인간과 그렇지 않은 인간으로 구분하는 것이다.

이렇게 구별하는 방법을 문학 연구자인 니콜라 험블은 '게임'이라고 부르면서 저서 『여성에 의한 미들브로(middlebrow) 소설 - 1920년대부터 1950년대』(2001)에서 "이 게임의 연장선상에서 가장 성공한 예는 낸시 미트퍼드의 유머러스하면서도 압도적인 영향을 미친, 언어 사용에서 보이는 'U(Upper Class)와 non-U(non-Upper Class)'의 규범이었다"고 언급하고 있다(86쪽). 여기에서 험블이 '성공했다'고 하는 것은 미트퍼드가 주장한 'U와 non-U'가 그것을 쓴 본인이 놀랄 정도로 영향력을 가지게 된 것을 의미한다. 그도 그럴 것이 미트퍼드는 원래 이것을 반은 농담처럼 쓴 것이기 때문이다.

그렇다면 미트퍼드가 말한 이 'U와 non-U'란 어떤 것일까? 낸시 미트퍼드는 「영국의 귀족」에서 "대부분의 귀족들은 교육, 습관 그리고 대상을 바라보는 관점을 커다란 '어퍼 미들 클래스'라는 그룹과 공유한다"고 한 후 다음과 같이 덧붙이고 있다.

그렇지만 귀족들과 마찬가지로 어퍼 미들 클래스가 미들 클래스와 자연스럽게 어울리는 것은 아니다. 어떤 분명한 경계선이 있어서 그것은 몇백 개라는 사소하지만 그러나 중요한 표식에 의해 간단히 인식할 수 있다.

그리고 여기서부터 미트퍼드의 유명한 'U와 non-U'라는 주장이

전개된다. 그러나 이것은 그녀 스스로가 언급하고 있듯이 자신의 친구이자 사회언어학자 겸 당시 버밍엄대학의 교수였던 앨런 로스(Alan Ross)가 보내온 계급과 언어의 관계를 다룬 학술 논문에서 힌트를 얻은 것이다. 사실 미트퍼드는 「영국의 귀족」을 집필하는 데 고전을 면치 못하고 있었다. 쓸 수 있는 것을 썼음에도 불구하고 아무리 애를 써도 글자 수가 부족했다. 그때 마침 로스가 보내온 논문을 로스의 허가를 받아 소개하고 해설하기로 한 것이다.

> 발음에 대해서 상당히 길게 설명한 후 교수는 어휘를 가지고 'U와 non-U'의 용법에 대한 몇 가지 예를 들고 있다.
>
> Cycle(자전거)은 non-U이고 bike가 U
>
> Dinner—U인 화자는 런천(luncheon)을 하루 중 정오에 먹고 밤에 디너를 먹는다. non-U인 화자(그리고 U의 아이들과 U의 개)는 하루 중 정오에 디너를 먹는다.
>
> Greens(곁들인 채소)는 non-U이고 vegetables이 U
>
> Home(집)—non-U. '그들은 매우 훌륭한 홈을 가지고 있다'고 하는 반면, U는 '그들은 매우 훌륭한 하우스를 가지고 있다'고 한다.
>
> 『영국의 귀족』

이 뒤에 미트퍼드는 자신이 떠올린 몇 가지 예를 덧붙이고 있다.

Sweet(식후에 먹는 단 음식)—non-U, U는 푸딩(pudding)

Dentures(틀니)—non-U이고, U는 false teeth. 이 표현과 glasses(안경, U는 spectacles)는 non-U의 표식이라고도 할 수 있다.

Wire(전보)—non-U이고, U는 telegram

이 에세이는 상당한 인기를 끌어서 이것을 게재한 문예지 『인카운터』는 곧바로 품절되어버렸다. 그리고 'U와 non-U'라는 표현은 마치 미트퍼드의 오리지널인 것처럼 인식되었다. 이 에세이는 후에 여러 명의 저자에 의한 앤솔로지 형태로 『노블레스 오블리주 - 영국 귀족계급의 인식 가능한 특징에 대한 고찰』이라는 제목으로 1956년에 출판되었다(어려워 보이는 제목이지만 사실은 코믹한 에세이다). 그리고 1978년에는 디브렛사에서 『U와 non-U의 재방문』이라는 에세이가 출판되었다. 편찬자는 앞서 언급한 발레 평론가 리처드 버클로, 수록된 대담 안에는 아랑 로스와 『노블레스 오블리주』가 미친 영향에 대해 설명한 부분이 있다.

버클 : (로스를 향해) 당신과 낸시 미트퍼드가 『노블레스 오블리주』를 출판했을 때 상승 지향적인 많은 사람들이 '미러(미트퍼드에 따르면 non-U의 거울, U는 looking glass)와 '노트 페이퍼(non-U의 편지지, U는 writing-paper)'를 두 번 다시 입에 올리지 않도록 상당히 노력했을 겁니다. 반대로 그때까지 looking glass와 writing-paper라는 말을 아무 생각 없이 무의식적으로 사용하고 있었던 귀하게 자

란 사람들이 일부러 '미러'라든지 '노트 페이퍼'라고 말하기 시

작하는 것도 봤어요.

(『U와 non-U의 재방문』 41쪽)

5. 『거울 나라의 앨리스』도 원제는 Through the Looking-Glass임.
삽화는 존 테니얼(John Tenniel).

'미러'를 non-U라고 말하는 것은 미트퍼드뿐이라고 하는 비판도 있었고, 그 외에도 미트퍼드가 설정한 'U와 non-U'라는 카테고리에 대해 이의를 제기하는 어퍼 클래스의 목소리도 있었다. 그러나 '귀하게 자란 사람들'이 겸연쩍어하면서 일부러 'non-U'의 표현을 사용하기 시작했을 정도로 미트퍼드의 이 장난스러운 에세이는 영향력이 컸다. 미트퍼드가 설정한 이 카테고리가 틀렸다고 당당하게 지적할 수 있는 사람은 역시 어퍼 클래스, 또는 어퍼 클래스에 가까운 어퍼 미들 클래스로, 이른바 아래에서 위로 올라온 어퍼 미들 클래스는 이 'U와 non-U'설에 휘둘리고 마는 것이다.

소설 속의 계급, 독자 속의 계급

20세기가 되자 교육과 일, 재력 등의 면에서 '미들 클래스'라고 부르는 사람들이 급증하면서 어퍼 미들 클래스는 미들 클래스와 자신들을 구별하고 싶다는 생각을 하게 되었다. 니콜라 험블은 이와 같은 경향에 대해 다음과 같이 정리하고 있다.

경제적으로만이 아니라 문화적으로도 모든 사람들이 미들 클래스가 되어가고 있었다. 이것은 많은 어퍼 미들 클래스에게는 무서운 전망이었다. 특히 모든 사람들이 로워 미들 클래스가 되어가는 듯했기 때문이다.

어퍼 미들 클래스 사람들은 새로운 세력을 형성한 로워 미들 클래스와 자신들을 구분하기 위해 열심히 절약하면서 일부러 재력이 없다는 점을 강조했다. 험블은 이와 같은 행위를 그들의 '역전'이라고 부르는데 앞에서 인용한, 일부러 'non-U의 표현'을 사용하기 시작한 '귀하게 자란 사람들'도 어쩌면 이 '역전' 현상의 하나일지도 모른다. 그리고 이 '가난하지만 귀하게 자란 사람들', 즉 '경제력이 없는 어퍼 미들 클래스'는 소설과 연극 등에서 계속해서 등장한다. 예를 들어 제임스 배리의 『피터 팬』에는 피터 팬과 함께 네버랜드로 날아가는 달링 집안의 아이들이 등장한다. 그들의 부모님에게는 유모를 고용할 경제적인 여유조차 없었기 때문에 개가 그들의 유모 노릇을 하고 있다.

영국의 계급의식을 유머러스하지만 날카롭게 그려낸 추리소설가 애거사 크리스티의 작품에는 특히 이 '경제력이 없는 어퍼 미들 클래스'가 다수 등장한다. 시골 마을의 작은 집에서 하녀 한 명과 살면서 가끔씩 카리브해와 같은 이국적인 장소에서 바캉스를 즐기는 미스 마플은 인기작가인 조카의 후원 덕분에 이와 같은 생활을 누리고 있는 전형적인 인물이다. 아마추어 탐정 부부인 토미와 터펜스도 이러한 카테고리에 들어가는 인물이라고 할 수 있다. 또한 애거사 크리스티에게는 탐정이 등장하지 않는 작품들도 많은데 그중 하나인 『리스터데일 경의 수수께끼』(1934)에도 바로 그런 가족들이 나온다. 주인공인 세인트 빈센트 부인은 작품 첫머리에서 가계부를 쓰면서 한숨을 내쉬고 있다. 부인은 딸과 아들과 함께 '싸구려 가구가 달린 전형적인 임대주택'에서 살고 있다.

먼지투성이인 엽란, 현란한 모양의 가구, 군데군데 색이 바랜 화려한 벽지(엽란은 환기가 잘 안 되는 어두운 장소에서도 시들지 않기 때문에 19세기에는 미들 클래스 가정에서 많이 키웠다. '취향이 별로인' 관엽식물의 대명사가 되었다).

그들은 일찍이 앤스티스라고 불렸던 저택에서 살고 있었는데, 지금은 고인이 된 세인트 빈센트 씨가 투기에 실패하자 '몇 세기 동안 세인트 빈센트 가문이 소유하고 있었던' 저택을 다른 사람의 손에 넘겨버렸다. 딸 바버라는 '우리와 같은 종류'의 인간인 짐 매스터슨이라는 청년과 사귀고 있다. 딸한테서 짐이 집에 오고 싶어 한다는 말을 들은 세인트 빈센트 부인은 당혹스러워한다. 그들이 '어퍼 클래스에 가까운' 어퍼 미들 클래스이기 때문에 가난한 것을 부끄러워할 필요는 없지만, 취향이 별로인 로워 미들 클래스의 주택에 자신들과 '같은 종류'의 인간을 초대해야 한다면 이야기는 달라지기 때문이다. 심지어 그들은 끔찍한 이 집의 집세조차도 내지 못하는 형편이 되어가고 있었다.

그러한 가운데 세인트 빈센트 부인은 『모닝 포스트』(어퍼 미들 클래스와 어퍼 클래스가 주요 독자층인 신문. 1937년에 『데일리 텔레그래프』에 매수된다)에서 꿈같은 광고를 발견한다.

품격 있는 분에 한함. 웨스트민스터 지구의 작은 집. 아름다운 가구도 딸려 있음. 진심으로 집을 아껴줄 사람에게만 제공. 집세는 말뿐임.

너무나 달콤한 이야기인 데다가 '집세는 말뿐'이라는 것도 수상하다고 여겼지만 세인트 빈센트 부인은 광고에 적힌 주소로 찾아간다. 그곳은 옛 부동산 중개소의 모습을 그대로 간직하고 있는 곳으로, 부인은 그 집을 보기로 결심한다. 집은 정말이지 완벽해서 남에게 넘어간 저택 앤스티스를 방불케 했기에 부인은 안내한 집사 앞에서 자기도 모르게 눈물을 흘린다. 집주인이 '적절한' 사람에게 빌려주고 싶기 때문에 집세는 중요하지 않다고 말한다는 집사의 이야기를 듣고 부인은 집사가 자신을 동정하고 있다고 느낀다.

이 사람은 나에게 이 집을 빌려주고 싶은 거야. 노동당원이나 단추 제조업자가 아니라!

그리고 다음 날 집주인인 리스터데일 경에게서 집을 빌려주고 싶다는 뜻의 편지가 도착한다. 이렇게 구미가 당기는 이야기가 현실일까 하고 반신반의하면서도 세인트 빈센트 집안은 웨스트민스터에 있는 이 아름다운 집으로 이사를 간다. 그러나 아들 루퍼트는 의심이 누그러들지 않아서 뭔가 뒤가 구린 것이 아닐까, 배후에 살인 사건이 있는 것은 아닐까 하는 갖가지 의혹을 제기한다. 그리고 옥신각신 끝에 결국 주인인 리스터데일 경이 진심으로 '가난하지만 품위가 있는 사람들(poor gentlefolk)'을 돕기 위해 자신이 소유한 주택을 제로에 가까운 집세로 빌려주고 있었다는 사실이 밝혀진다.

이와 같은 플롯 때문에 애거사 크리스티가 계급의식이 높은 속물이라는 비난도 받지만(그 외에도 인종차별주의자, 반유대인파라는 비판도 받는다), 이 단편을 읽고 자신을 세인트 빈센트 집안과 '같은 종류의 인간'이라고 인식하면서 공감하는 독자들도 많았을 것이다. 그들은 자신이 미들 클래스이기는 하지만 그중에서도 '어퍼 미들 클래스', 심지어 '어퍼 클래스에 가깝다'고 인식하고 있다. 바로 험블이 언급한 '우리들과 같은 사람들'과 '우리들과 같은 취급을 받아서는 안 되는 사람들'로 정확하게 구분하는 것이다. 이처럼 애거사 크리스티를 비롯한 작가들이, 실제 집안은 어떻든지 간에, 어퍼 미들 클래스 독자들의 계급의식을 충족시켰다. 즉 정신적인 의미에서 그들이 자신은 '어퍼 클래스에 가까운' 어퍼 미들 클래스라고 만족할 수 있도록 이들 작가들이 도와준 것이다. 같은 미들 클래스라도 취미, 습관, 말투, 식사 등 모든 것에 관해 자신들이 'U'라는 생각을 가질 수 있었던 것이다.

가즈오 이시구로의 『남아 있는 나날』(1989)에 나오는 마을 의사도 로워 미들 클래스인 집사가 자신과 '동종의 인간'이 아니라는 점을 간파한다. 주인의 이야기를 듣고 자동차 여행을 떠난 집사 스티븐스는 직업상 몸에 밴 말투와 행동 때문에 그를 만나는 사람들이 그가 '신사'라고 착각하게 만든다. 그리고 '같은 신사'인 칼라일을 소개받는데 그 의사는 스티븐스가 '고용인'이라는 사실을 곧장 알아차린다. 스티븐스의 지나치게 공손한 말투와 대조적인 캐주얼한 말투를 사용하면서 "여보게, 친구(old boy, old chap)"라는 전형적인 어퍼 클래스의 말투를 연발하는 칼라일이 스티븐스와 '동종'이 아니라는 사실은 독자들에게도 전달된다. 단 칼라일의 말투는 스티븐스의 말투와 마찬가지로 소설과 연극에서 자주 나오는, 지나치게 전형적인 것이다. 따라서 이 경우에는 독자들이 칼라일에게 공감하면서 스티븐스의 '로워 미들 클래스'적인 특성을 재인식한다는 것은 어려울 것이다. 어디까지나 '어퍼 미들 클래스'인 척하는 인물이 진짜 어퍼 미들 클래스에게 들킨다는 희극적인 도식이 성립될 뿐이다. 한편 '어퍼 클래스'에 가까운 척을 하고 있는 '어퍼 미들 클래스'도 역시 희극의 재료가 되고 있다. 단 이것은 진짜 어퍼 클래스인 미트퍼드와 같은 작가가 아니고서는 당연히 쓰기 어려운 것이다.

어퍼 클래스와의 차이

'어퍼 미들 클래스'의 계급에 대한 집착을 '어퍼 클래스'의 입장에서 우스꽝스럽고 동시에 인정사정없이 묘사한 작가도 있다. 낸시 미트퍼드가 바로 그중 한 사람이다. 예를 들어 이 챕터의 앞부분에서 소개한 소설 『추운 나라에서의 연애』에는 '보얼리 일가'라는 사람들이 등장한다. 내레이터인 페니, 페니의 소꿉친구인 폴리, 폴리의 어머니인 몬트도어 백작 부인 등 이 작품의 주요 인물들이 모두 순수한 어퍼 클래스인 데 반해서 그들과 사교의 장에서 만나기도 하는 보얼리 일가(the Boreleys - 이 이름에는 bore, 즉 지루함, 음울함이라는 재치 있는 의미도 포함되어 있다)는 틀림없이 미들 클래스다.

페니의 남편은 옥스퍼드대학의 교원으로, 동료인 커즌스 교수 부부와 교류가 있다.

커즌스 부인의 처녀 때 성은 보얼리였다. 나는 이전부터 보얼리 일가에 대해 잘 알고 있었다. 왜냐하면 부인의 할아버지가 1890년에 지은 엘리자베스조 양식의 거대한 저택은 알콘리(페니의 숙부, 알콘리 경의 집)에서 그다지 멀지 않은 곳에 있었기 때문이다. 그들은 이웃에 사는 신흥 부자였다.

(제2부 제1장)

'신흥 부자'라는 표현이 없어도 '1890년에 지은 엘리자베스조 양식의 거대한 저택'이라는 것만으로도 보얼리 일가가 벼락부자라는 사실은 정확하게 알 수 있다. 19세기 후반에는 16세기 엘리자베스 1세 시대의 건축물을 모방한 집들이 유행했다. 엘리자베스 1세가 튜더 왕가에 속해 있기 때문에 이 건축물들은 '모형 튜더(Mock Tudor)'라고도 불렸다. 튜더 왕조의 진짜 건축물에 살고 있는 경우도 많았던 어퍼 클래스의 사람들이 이러한 건축물을 '벼락부자'나 '저급한 취향'의 상징이라고 인식하는 것도 무리는 아니었을 것이다(모형 튜더의 유명한 예로는 런던 리젠트스트리트에 있는 리버티 백화점을 들 수 있다).

내레이터는 보얼리 일족에 대해 설명을 덧붙이고 있다.

6. 런던, 리버티 백화점. 1924년에 건립되었다.

이 할아버지는 지금은 작위를 받아서 로드 드라이어슬리 (Driersley, 이것도 drear=지루함과 관련이 있을까?)가 되었다. 그는 외국의 철도 사업으로 재산을 모아 지주 집안의 딸과 결혼한 후 많은 아이들을 낳았다. 그 아이들이 어른이 되어 결혼한 후 모두 드라이어슬리 매너에서 차로 간단히 이동할 수 있는 곳에 자리를 잡았다. 그들 또한 이름이 알려질 정도로 많은 아이들을 낳았기 때문에 지금은 잉글랜드 서부의 거의 모든 지역에 보얼리 일가의 촉수가 뻗어 있어서 보얼리의 사촌, 숙모, 숙부, 형제와 자매, 그리고 각각의 결혼 상대라는 식으로 그 수가 끝이 없었다.

보얼리 가문은 마치 어퍼 미들 클래스에 새로 진입해 자리를 잡아가는 미들 클래스의 대명사처럼 보인다. 그들은 규범을 지키고 부자이기 때문에 주변 사람들로부터 존경도 받고, 지역사회에 대한 의무도 훌륭하게 수행해나간다.

즉 그들은 지역사회의 '기둥'이지만 일 때문에 그들과 접할 일이 있었던 매슈 숙부(로드 알콘리)는 그들을 모두 정말로 싫어했다. 그리고 일가의 이름을 하나로 합쳐서 '보얼리 일가'라고 쓴 종이를 집 안 서랍 속에 넣어두었다.

미트퍼드의 아버지를 모델로 한 이 별난 귀족은 '사람의 이름을 쓴 종이를 집 안 서랍 속에 넣어두면 그 사람이 죽는다'는 미신을 믿고 있었는데 실제로 효과가 있었던 적은 없다. 여기에서 로드 알콘리가 보얼리 일가를 싫어하는 이유는 그들이 '벼락부자'이기 때문이 아니라 그들의 삶의 방식, 신조, 생활습관과 말투 등이 아무래도 성미에 맞지 않았기 때문이다.

『추운 나라에서의 연애』보다 4년 전에 출판된 소설인 『사랑의 추구』에서는 로드 알콘리의 딸 린다가 주인공이다. 그녀는 아버지의 반대를 무릅쓰고 은행가의 아들인 토니 크레시그와 결혼한다. 토니의 아버지도 역시 이 결혼을 반대한다. 그는 어퍼 클래스를 동경하는 타입의 미들 클래스가 아니라 어퍼 클래스를 무책임하고 시대착오적인 존재들이라고 간주하고 있어서 일부러 그들에게 영합하려고 하지 않는다. 런던에서 결혼식을 올리자는 제안을 하자 로드 알콘리는 "그런 품위 없고 저속한 이야기는 들어본 적이 없네. 여자는 친정에서 결혼해야 돼"라고 분개하지만 토니의 아버지는 개의치 않는다. 크레시그 씨는 런던에서 결혼하지 않으면 토니의 장래에 도움이 될 '중요한 사람들'이 오지 않을 것이라고 주장하고, 린다는 린다대로 런던에서 호화로운 결혼식을 올리고 싶었기 때문에 결국 로드 알콘리가 뜻을 굽히게 된다. 그러나 신혼 초의 흥분에서 깨어난 린다는 자신이 크레시그 가문에 대해 전혀 이해하지 못하고 있다는 사실을 깨닫게 된다.

> 린다가 아무리 노력해도(그리고 린다는 처음에는 상당히 열심히 노력했다. 사람들의 마음에 들고 싶다는 생각이 강했기 때문에) 크레시그 가문의 사고방식은 알 수 없었다. 사실 그녀는 태어나서 처음으로 부르주아적인 사고방식과 접했던 것이다.
>
> (제10장)

어퍼 클래스의 영거 선이 아닌, 크레시그 가문처럼 '아래에서 올라온 어퍼 미들 클래스'의 사람들은 어퍼 클래스와는 전혀 다르다고 선을 긋고 있는 것이다.

속물들

미트퍼드 이외에도 어퍼 클래스 중에는, 크레시그 가문 사람들처럼 처음부터 어퍼 클래스에 들어가고 싶다고 바라지 않는 사람들은 제쳐두고, 그렇지 않은 사람들을 상당히 짓궂은 시선으로 코믹하게 그린 작가들이 있다. 예를 들어 버지니아 울프의 친구이자 연인으로 울프의 소설『올랜드』(1928)의 창작에 영감을 주기도 한 비타 색빌웨스트(1892~1962)는『에드워디언스(에드워드조의 사람들)』(1930)라는 소설을 남기고 있다. 저자는 제3대 색빌 남작의 외동딸로, 켄트주의 놀(Knole)이라는 컨트리 하우스에서 태어났다. 색빌웨스트는 16세기부터 색빌 가문이 소유하고 있었던 놀을 소중히 여겨서 자신이 여자이기 때문에 이 저택을 상속받을 수 없다는 사실을 슬퍼했다(아버지가 돌아가신 후 놀은 작위와 함께 작은아버지가 상속했는데 1947년에 내셔널 트러스트[National Trust, 1895년에 설립된 영국의 공공단체로 역사적으로나 건축학적으로 의미가 있는 건축물과 자연을 보호하는 활동을 하고 있다-역주]에 기증했다).

울프의『올랜드』에는 놀의 역사와 분위기가 묘사되어 있는데, 색빌웨스트의『에드워디언스』에 등장하는 컨트리 하우스 셰브런도 놀을 모델로 한 것이다. 이 소설은 셰브런의 젊은 주인이자 공작인 서배스천의 연애와 인간관계에 대해 그린 것으로, 저자는 어퍼 클래스의 생활을 그린 이 작품이 독자들에게 환영받을 것이라고 예측하고 있었다. 집필 중에 그녀는 버지니아 울프에게 다음과 같은 글을 보낸다.

7. 15세기에 건립된 놀 하우스.

어퍼 클래스로 꽉 들어찬 책이야. 너는 마음에 들어할까? 속
물적인 요소만으로도 상당히 인기를 끌 거라고 생각하는데.

『에드워디언스』의 서문에 인용하고 있음)

심지어 이 책의 첫머리에는 '이 책의 등장인물들은 모두 완전히
픽션이라고는 할 수 없다'라는 주석까지 붙어 있다.

1920년대부터 40년대의 이른바 '전간기(戰間期)'에는 유머와 풍자
를 담아서 어퍼 클래스의 생활을 그린 소설들이 상당히 많이 집필
되었고, 색빌웨스트도 어퍼 클래스 출신의 작가로서 그러한 시장을
노린 것이다. 서배스천이 셰브런에서 보내는 생활과 런던에서 사
교 모임을 하는 장면 등은 분명히 독자들의 흥미를 끌었을 것이다.
그러나 그중에서도 미들 클래스의 독자들을 매료시킨 것은 서배스
천이 우연히 만난 의사의 아내 테리사 스패딩과 사귀게 되는 부분
일 것이다. 처음으로 남편과 함께 런던 코벤트 가든의 오페라 하우
스에 오게 된 테리사는 오페라보다도 그곳에 있는 어퍼 클래스에게

흥미를 느낀다. 신문에 사진이 실리는 사교계의 꽃들이 극장의 박스석에 앉아 있는 것을 보고 그녀는 오페라글래스를 무대가 아니라 그들에게 향하면서 홀린 듯이 바라보고 있다. 그리고 어느 날 스패딩 의사의 자택 겸 진료소 앞에서 넘어진 서배스천이 진료소로 실려오고, 그 일을 계기로 테리사와 서배스천은 친해지게 된다.

19세기에는 의사의 사회적 지위는 낮았지만(내과의사가 외과의사보다 지위는 높았지만 런던의 '명의'가 아닌 이상 어퍼 클래스 사람들과 사귈 일은 없었다) 이 이야기의 배경으로 설정되어 있는 20세기 초에는 그들의 지위가 올라갔다. 그러나 런던 변두리에 진료소를 차린 스패딩 의사는 신사이기는 해도 '어퍼 미들 클래스'라고도 할 수 없는, 후에 '미들 미들 클래스'라고 불리는 계급에 속한다. 주위에 여성이 많았던 서배스천은 테리사가 지금까지 사교계에서 만난 적이 없는 종류의 인간이라는 점 때문에 흥미를 느낀다. 서배스천이 감사의 인사를 하기 위해 다시 스패딩의 집을 방문했을 때 테리사는 시누이인 톨풋 부인과 한참 차를 마시고 있었다. 테리사는 공작이 갑자기 방문하는 모습을 시누이에게 보여줄 수 있는 기회가 생긴 것에 기뻐하면서도 그와 동시에 그녀가 자신을 부끄럽게 하지는 않을까 걱정한다. 톨풋 부인은 공작의 갑작스러운 방문에 놀라지만 개의치 않고 계속해서 수다를 떤다.

　　"믿겨지세요…?" 톨풋 부인은 서배스천에게 얼굴을 돌렸는데
　그를 'Your Grace'라고 불러야 하는지 'Duke'라고 불러야 하는
　지 몰라서 갑자기 말을 멈췄다.
　　　　　　　　　　　　　　　　　　　　　　　(제5장)

Your Grace란 고용인 등 정확히 아랫사람이 공작을 부를 때 사용하는 칭호로, 사교적으로 동등한 사람은 Duke라고 부른다. 이 대목에서 톨풋 부인도, 스패딩 부인도 작위가 있는 사람과 교류할 만한 지위가 아닌 미들 클래스라는 점이 분명하게 드러난다. 한편 서배스천에게도 이 티타임은 상당히 흥미로운 것이었다.

　이 귀엽고 어리석은 테리사는 나를 이렇게 불가사의한 듯이, 그리고 동경으로 가득 찬 눈빛으로 바라보면서 품위는 없지만 느낌 좋은 시누이를 저토록 부끄러워하다니. 이 사람과는 일주일 정도 사귀어보면 재미있겠다. 어쨌든 그녀는 그에게는 새로운 경험의 대상이자 지금까지 전혀 알 수 없는 종류의 인간이었다.

(제5장)

　그리고 서배스천은 테리사와 그녀의 남편을 셰브런으로 초대한다. 테리사는 기뻐서 어쩔 줄을 모르는 동시에 매우 긴장한다. 들뜨거나 무지를 드러내거나 하지는 말아야겠다고 결심한다.

　억누른, 침착한 모습으로 있어야지. 뭔가에 감동한 듯한 모습도 보이지 말아야지. 셰브런에 머무는 것이 아무렇지도 않은 것처럼 행동해야지. 물론 마음속으로는 태어나서 난생처음이라고 할 정도로 동요하고 있지만.

(제6장)

　자신들은 '어퍼 클래스'는 아니지만 '어퍼 클래스에 가까운 어퍼 미들 클래스'라는 듯이 행동하려고 허세를 부리는 테리사에게 서배스천은 크게 실망한다. 심지어 둘이서 있을 때 서배스천이 테리사의 몸에 손을 대려고 하자 테리사는 갑자기 정신을 차렸다는 듯이 그를 거부하여 서배스천을 놀라게 한다. 테리사의 이같이 체면에 신경 쓰는 '미들 클래스적인 도덕관'에 서배스천은 혐오를 느끼고, 두 사람의 친교는 깨끗하게 끝나버린다. 『에드워디언스』에서는 어퍼 클래스의 '들키지만 않으면 부정행위가 통용되는' 부도덕하고 공허한 삶이 풍자적으로 묘사되고 있는데, 이와 같이 '미들 클래스'도 통렬한 풍자의 대상이 되고 있는 것이다.

　색빌웨스트의 소설에 등장하는 테리사와 같은 '미들 클래스'는 이처럼 '어퍼 미들 클래스'라고는 할 수 없는 존재다. 한편 예를 들어 《다운튼 애비》의 작자 줄리언 펠로우스가 저술한 2004년의 소설 『속물들』은 영거 선은 아니지만 자신이 '어퍼 미들 클래스'의 일원이라고 자칭하는 인물이 어퍼 클래스로 진입하려고 고심하는 모습을 비꼬는 어투로 묘사하고 있다. 일인칭인 이 소설의 내레이터는 배우다. 작위도 없고 지주도 아니며 '프로페션(profession)'에 종사하고 있지도 않지만, 사교계 사람들로부터 같은 계급이라고 인정받는 '어퍼 클래스'로 설정되어 있다. 한편 이야기의 주인공인 이디스 라버리와 그의 친구인 이스튼 부부는 어퍼 클래스와는 접점이 없는 어퍼 미들 클래스다. 데이비드 이스튼은 작은 규모의 가구 제조업자의 아들인데, 그 사실을 완전히 망각한 듯이 어퍼 클래스인 척 흉내를 내고 있다. 내레이터는 그런 이스튼을 비꼬면서 독자들에게 다음과 같이 소개하고 있다.

> 시골보다도 런던에 있는 편이 어퍼 클래스의 배경을 그럴듯 하게 꾸며낼 수 있다고 깨달은 영국인이 어퍼 미들 클래스 중 데이비드 이스튼이 처음은 아닐 것이다.
>
> (제1장)

아버지의 노력 덕분에 어퍼 미들 클래스로 진입한 데이비드는 자신이 '어퍼 클래스에 가까운 어퍼 미들 클래스', 즉 영거 선인 척하고 있다. 그러는 사이에 그는 정말로 자신이 그런 것 같은 착각에 빠지게 된다.

> 내가 그와 만났을 무렵에는 그가 자신의 이름이 디브렛의 『귀족명감』에 실려 있지 않다는 것에 진짜로 놀란 것은 아닐까 하고 여겨질 정도였다.
>
> (제1장)

이 작품의 정수는 제목에서 드러나듯이, '어퍼 클래스'와 영거 선이 아닌 '어퍼 미들 클래스'가 자신의 계급과 충돌하는 모습을 냉정한 풍자의 눈으로 바라보면서 속물적인 영국 사회를 선명하게 묘사하고 있는 것에 있다. 데이비드는 후작의 아들인 찰스와 친해졌다고 생각하지만 내레이터는 찰스가 데이비드를 좋아하지 않는다고 언급하면서 그 이유를 다음과 같이 설명하고 있다.

> 영국의 어퍼 클래스는 원칙적으로 자신들의 복제품 같은 어퍼 미들 클래스에게 끌리지 않는다. 이런 종류의 상승 지향적인 사람들은 뭐 하나 새로울 것이 없고, 예부터 교류해온 사람들에게서 느끼는 그러한 친근함도 느끼지 못한다. 그들이 자신들의 원 밖에 있는 사람들과 사귈 경우에는 예술가나 가수, 또는 그들을 즐겁게 해줄 사람을 선택하는 것이 일반적이다.
>
> (제17장)

'어퍼 클래스'를 확장해놓은 것처럼 보이는 '어퍼 미들 클래스' 중에는 '어퍼 클래스'와 분명하게 선을 긋는 사람들도 있다. 펠로우스의 소설은 어퍼 클래스라는 작은 원 안에서 태어나지 않으면 그들에게 인정받기 어렵다는 점을 시사하고 있는 것이다.

제3장
컨트리 하우스와 상속

장자상속제도

영국의 인기 드라마《다운튼 애비》시즌 1의 첫 에피소드는 1912년 4월에 시작된다. 영국의 사우샘프턴을 출발해서 뉴욕으로 가던 여객선 타이타닉호가 북대서양에서 빙산과 충돌해 침몰했다는 소식이 그랜섬 백작 로버트 크롤리의 저택인 다운튼 애비에 도착한다. 그 배에는 그랜섬 백작의 사촌인 제임스 크롤리와 그의 아들인 패트릭이 타고 있었는데 그들은 구조되지 못했다. 이 소식은 그랜섬 백작 부부와 그들의 세 딸 중 특히 장녀인 레이디 메리에게 큰 충격을 안겨준다. 이것은 단지 친하게 지냈던 친척을 잃었기 때문만은 아니다. 제임스는 그랜섬 백작의 작위와 재산을 이어받을 상속자였다. 백작에게는 아들이 없기 때문에 가장 가까운 남자 혈육이 상속인이 된다. 그리고 제임스의 아들과 백작의 장녀인 레이디 메리는 같은 나이 때였기 때문에 백작은 두 사람을 결혼시키려고 계획하고 있었던 것이다.

《다운튼 애비》는 물론 픽션으로, 그랜섬 백작을 비롯한 등장인물들은 모두 실존 인물이 아니다. 그러나 드라마 시리즈의 작자이자 소설가, 배우, 영화감독인 줄리언 펠로우스는 자신도 어퍼 클래스에 속해 있어서(그는 자신이 '어퍼 클래스에 아슬아슬하게 들어가 있다'고 말한다) 당시의 어퍼 클래스의 생활과 사교, 그리고 사회적 배경 등도 충실히 재현해내고 있다(그의 정식 이름은 줄리언 알렉산더 키치너-펠로우스[Julian Alexander Kitchener-Fellowes], 웨스트스태퍼드의 펠로우스 남작[Baron Fellowes of West Stafford]이다. 이것은 그가 받은 작위로, 아버지는 귀족이 아니었다).

그랜섬 백작의 아내인 레이디 그랜섬은 미국인으로, 이것도 당시의 역사적 사실을 반영하고 있다. 19세기 말부터 저택과 토지를 유지하기 위해 미국 부호의 딸과 결혼하는 영국의 귀족과 대지주가 적지 않았던 것이다. 《다운튼 애비》에서도 그랜섬 백작은 재산 유지를 목적으로 코라와 결혼했다. 처음의 동기는 불순했지만 그러나 점차 그녀를 진심으로 사랑하게 된다는 행복한 설정으로 되어 있다. 그렇지만 백작의 사후에는 작위와 저택, 토지는 물론이고, 코라의 지참금마저 딸들이 아닌 상속인의 손에 넘어가게 된다. 레이디 메리가 상속인의 아들과 결혼하는 것을 백작 부부도, 레이디 메리 자신도 희망하는 것은 그러한 사정이 있기 때문이다. 그러나 그 상속인들이 죽어버린 이상, 새로운 상속인이 필요해진다.

백작에게 다음으로 가까운 혈연 남성은 맨체스터에 사는 사무변호사 매슈 크롤리였다. 사무변호사는 법정에 서서 열변을 토하는 법정변호사와는 달리 19세기까지는 의사와 함께 미들 클래스에서도 하위 계층에 속하는 직업으로, 로워 미들 클래스도 손이 닿을 수 있는 직업이었다. 그러나 《다운튼 애비》에서는 "미들 클래스인 내가 백작가의 상속인이라니"라며 당혹스러워하는 매슈와는 달리 어머니 이저벨은 "우리는 어퍼 미들 클래스야"라고 그의 말을 정정한다. 이것은 그녀가 계급의 미묘한 상하관계에 집착하고 있다는 것을 드러낸다. 그뿐만 아니라 이러한 그녀의 행동은 제2장에서도 언급했듯이, 어퍼 미들 클래스가 어퍼 클래스에 가까운 존재로 분명히 '신사 숙녀' 계급이기 때문에 워킹 클래스와 가까운 로워 미들 클래스와는 완전히 다르다는 자부심을 드러내는 것이다. 20세기 초가 되면 사무변호사의 지위는 이전보다 높아진다. 그렇지만 어퍼 클래스의 차남 등이 종사하는 '신사의 직업'인 법정변호사보다는 계급적으로 아래라고 여겨졌다. 사무변호사의 미묘한 지위를 의식하지 않을 수 없는 이저벨은 일부러 고집스럽게 '어퍼'를 강조하는 것이다.

'상속자'와 '예비'

이와 같이 귀족의 친척이라도 '미들 클래스'인 경우는 많았다. 그 이유 중 하나는 제2장에서 서술한 것처럼, 장남이 아버지의 칭호와 저택, 토지를 상속받는 장자상속제도로 말미암아 차남 등은 필연적으로 어떤 직업에 종사해야만 했고, 그 결과 '미들 클래스'로 진입해 '미들 클래스'의 배우자를 얻었기 때문이다. 영어에는 'The Heir and the Spare(상속자와 그 예비)'라는 표현이 있다. 미국 부호의 딸로 제9대 말버러(Marlborough) 공작의 부인이 된 콘수엘로 밴더빌트(Consuelo Vanderbilt)가 두 번째 아들을 출산했을 때 사용한 표현이라고 한다. 귀족과 대지주에게는 우선 장래 상속자가 될 아들이 태어나야 하는데, 그 아이에게 무슨 일이 생길 경우를 대비해 '예비'의 아들, 즉 '영거 선'도 있는 편이 좋다는 뜻이다. 그들은 어렸을 때부터 자신이 작위와 저택을 상속받지 못하는 것을 알고 있지만, 형이 몸이 약하거나 할 경우에는 자신이 상속자가 될 가능성도 생각하지 않을 수 없었다. 영국의 추리소설에서 유산 상속을 둘러싼 형제들 간의 갈등이 자주 묘사되는 것도 무리는 아니다. 장남과 차남 이하 형제들의 상속 규모가 너무나 다르기 때문이다.

데이비드 캐너딘은 『영국 귀족의 흥망』에서 유럽 대륙의 귀족들과 비교해볼 때 영국의 귀족은 자신의 토지를 '더 효율적으로, 더 공격적으로' 지켜왔다고 지적한다. 장남만이 작위와 저택, 토지를 상속받는 '장자상속'제도와 더불어 아들이 없을 경우에는 가장 가까운 친척 중 한 명의 남성이 상속받는 '한사상속'을 통해 토지와 재산이 나뉘어 축소되는 것을 방지해온 것이다. 프랑스에서는 혁명 때 장자상속과 한사상속제도를 폐지했고, 스페인에서도 1836년에 이 제도들을 폐지했다. 러시아, 프러시아, 오스트리아와 헝가리에서는 폐지는 되지 않았지만 그러한 형태의 상속은 그다지 많지 않았다. 즉 19세기 유럽에서는 작위가 장남 이외의 아들들에게도 수여되어 귀족의 숫자는 증가했고 작위의 가치는 하락했다. 그와 동시에 토지와 재산도 대를 이어감에 따라 축소되었다. 그에 반해서 영국의 귀족들은 차남 이하의 아들들을 '미들 클래스'로 보내는 방법을 사용해 그 배타성을 유지하고, 토지와 재산도 온전히 그대로 다음 세대로 넘길 수 있었다. 유럽 중에서도 영국 귀족들의 작위는 가치가 있고, 또한 그들은 토지와 재산도 있는 특별한 존재였다. 미국 부호의 딸들이 결혼 상대로 특히 영국의 귀족을 노린 것은 단순히 말이 통했기 때문만은 아니었던 것이다.

이 상속제도가 작위가 없는 지주에게도 적용되었던 것은 제인 오스틴의『오만과 편견』의 예에서도 살펴봤다. 베넷 부인은 딸인 제인과 엘리자베스가 아무리 설명해도 한사상속제도를 전혀 이해하려고 하지 않았고, '다섯 명이나 딸이 있는 가족으로부터 재산을 빼앗고 상관없는 인간에게 재산을 주는 제도의 잔인함을 격하게 저주했다'(제1권 제13장)라는 식으로 오스틴은 베넷 부인을 놀리듯이 묘사하고 있다. 그러나 베넷 부인이 아니더라도 이 제도의 모순에 대해 생각하는 사람들은 적지 않았을 것이다. 서두에서 예로 든《다운튼 애비》에서도 남성 친족에게 작위를 물려주는 것은 납득하더라도 재산, 특히 어머니가 미국에서 가지고 온 지참금까지 딸들이 상속받을 수 없는 것에 대해서는 선대의 백작 부인조차도 어떻게 할 수 없냐고 고민할 정도였다. 그러나 한사상속제도가 그렇게 쉽게 바뀌지는 않아서 지참금을 포기할 수밖에 없었던 것이다. 이와 관련해서『오만과 편견』에 등장하는 레이디 캐서린은 엘리자베스에게 자신의 남편 서 루이스 드버그의 집안에서는 한사상속제도를 적용하지 않는다고 자랑스럽게 이야기하면서 "나는 여성을 상속에서 제외하는 한사상속제도 따위는 필요없다고 생각해요"라며 마치 페미니스트 같은 의견을 피력한다. 보통 칭호를 계승한 사람은 그에 걸맞은 지위를 유지하기 위해 재산과 저택도 상속받을 필요가 있다. 한사상속제도는 그러한 이유 때문이기도 하지만 서 루이스의 경우에는 그의 칭호를 누가 계승할까 하는 문제가 생기지 않는, 다시 말해 앞에서 언급했듯이 준남작이 아니라 세습제가 아닌 '나이트'일 것이라는 설이 점점 유력해지는 것이다.

상속제도의 예외

귀족의 상속제도에도 예외는 있다. 애거사 크리스티의 작품 중에는 『불가사의한 미스터 퀸』(1930)이라는 단편집이 있다. 푸아르와 마플 시리즈만큼 잘 알려져 있지는 않지만, 할리 퀸이라는 신출귀몰의 미스터리한 인물과 어퍼 클래스와 가십을 좋아하는 약간 속물적인 새터스웨이트 씨가 매회 등장한다. 이 단편집에는 「어둠의 목소리」라는 작품이 있다. 여기에서는 새터스웨이트 씨가 프랑스의 고급 리조트지인 칸에서 런던으로 돌아가는 열차 안에서 우연히 만난 퀸 씨를 상대로 어느 귀족에 대해 이야기하는 장면이 나온다.

"레이디 스트런리를 아십니까?"

퀸 씨는 고개를 저었다.

"오래된 작위예요"라고 새터스웨이트 씨는 말했다.

"정말 오래된 작위예요. 여성이 계승할 수 있는 아주 적은 작위들 중 하나입니다. 그녀 자신이 여남작(Baroness)이에요."

영국에서 여성 최초로 총리가 된 마거릿 대처가 1992년에 수여받은 칭호가 여남작이다. 단 그녀의 경우는 '일대(一代) 귀족'으로, 자녀들에게는 작위가 계승되지 않는다. '일대 귀족'제도는 1958년에 제정된 '일대 귀족 법안'으로 정해진 것으로, 그것을 제정한 의도는 의회의 귀족원을 근대화해서 국민들이 받아들일 수 있도록 하기 위한 것이었다. 이 제도에 의해 다양한 계급의 사람들과 여성들이 귀족원의 멤버가 될 수 있었다(영국에서 최초로 여성 의원이 된 인물은 미국 부호의 딸인 애스터 자작 부인이다. 그녀의 칭호는 레이디 애스터[Lady Astor]다. 이것은 앞서 언급한 '예의상' 칭호로, 귀족으로 인정되지 않기 때문에 하원인 서민원 의원이었다). 일대 귀족은 통상 '남작'이라는 작위를 받는다. 예를 들어 인기 작가이자 정치가이고 위증죄로 투옥되는 등 언제나 화제를 몰고 다니는 제프리 아처(Jeffrey Archer)도 일대 귀족이자 남작이다. 그러나 「어둠의 목소리」에서 새터스웨이트 씨가 화제로 삼고 있는 것은 이와 같은 일대 귀족이 아니라 예외적으로 여성이 작위를 계승할 수 있는 가문의 귀족인 것이다.

『디브렛의 올바른 방법 - 귀족부터 대통령까지 모든 사람들을 어떻게 불러야 하는가』(1999)라는 편람에 따르면 현재 세습되는 여성 귀족의 칭호는 여백작(Countess)과 여남작이다. 영어에서는 '백작 부인'이나 '남작 부인'과 구분하기 위해 여성이 가진 작위는 라틴어로 'suo jure(자신의 권리로)'라고 부른다. 예를 들어 현재 엘리자베스 여왕도 'suo jure Queen of the United Kingdom of Great Britain and Northern Ireland'다. 같은 퀸(Queen)이라도 '왕비(예를 들어 엘리자베스 여왕의 어머니인 Queen Elizabeth)'와는 다르다. 스포일러가 되기 때문에 자세하게 언급하지는 않겠지만, 「어둠의 목소리」는 숙부가 죽고 그 작위와 재산을 상속한 여남작 레이디 스트런리의 딸 마저리가 "네 것이 아닌 것을 돌려줘. 훔친 것을 돌려줘"라는 이상한 목소리 때문에 괴로워하고, 그것을 밝히기 위해서 새터스웨이트 씨가 나선다는 이야기다. 작위와 재산 상속을 둘러싼 이야기에서는 필연적으로 남성이 주인공이 될 수밖에 없다. 따라서 이번에는 이와 같은 예외적인 귀족 가문을 소설에 이용함으로써 다양성을 추구하고자 한 것이 애거사 크리스티의 목적이었는지도 모른다.

픽션 중에서 여성이 작위를 상속받을 수 있는 귀족 집안에 대해서 묘사한 것을 찾으라 한다면 영어권에서는 가장 유명한 예를 들 수 있다. 명배우 앨릭 기니스가 1인 8역을 맡은 1949년의 코미디 영화 《친절한 마음과 화관(Kind Hearts and Coronets)》(앨프리드 테니슨의 시에서 딴 제목)이다. 무대는 20세기 초 영국으로, 어느 사형수가 처형되기 전날 밤 옥중에서 쓴 수기를 다시 읽어보고 있다. 그의 이름은 루이스 마치니, 제10대 찰폰트 공작이다. 사형수가 공작이라는 것에 상당히 감명을 받은 교도관은 상사에게 "내일은 뭐라고 부르면 좋을까요? His Lordship입니까?"라고 묻는다. 그러자 상사는 "His Grace야"라고 대답한다.

그 공작이 침착하게 읽고 있는 수기의 내용은 그가 태어났을 때부터 시작되기 때문에 영화의 스토리는 과거로 거슬러 올라간다. 루이스의 아버지는 이탈리아인 가수였고, 어머니는 영국의 귀족으로 제7대 찰폰트 공작의 딸이었다. 두 사람은 사랑의 도피행을 감행하여 런던 교외에 있는 집에서 행복하게 살아가는데 루이스가 태어났을 때 그의 아버지는 심장 발작을 일으켜 사망한다. 어머니는 경제적인 원조가 필요하다는 편지를 친정에 보내지만 그에 대한 답장은 오지 않고, 생활을 이어가기 위해 어쩔 수 없이 집에 하숙인을 두게 된다. 그러면서 아들에게는 공작가의 가계도를 보여주며 다양한 가족의 역사를 알려주고, 자기 집안이 여성이 작위를 받을 수 있는 아주 드문 가문 중 하나라는 것을 반복해서 이야기한다. 즉 루이스는 공작가의 딸인 어머니에게도, 그녀의 아들인 자신에게도 논리적으로는 작위의 상속권이 있다는 것을 배우게 된 것이다.

어느 날 루이스의 어머니가 사고를 당한다. 죽으면 친정의 성에 묻히고 싶다는 어머니의 마지막 소원을 듣고 루이스는 공작에게 편지를 보낸다. 그러나 냉정한 거절의 편지가 도착하고, 루이스는 복수를 맹세한다. 그리고 무슨 일이 있어도 자신이 작위를 상속받겠다고 결심한다. 이 작품은 블랙 코미디로, 그 후 루이스는 자신과 작위 사이에서 걸림돌이 되는 작위 상속자들을 한 명씩 살해하기 위해 계획을 세우고 그것을 실행에 옮긴다. 작위 상속자들은 제8대 공작의 여동생인 레이디 애거사 다스코인을 포함해서 총 8명으로, 그들을 모두 앨릭 기니스가 연기한다. 다양하면서도 때로는 상당히 기발한 방법으로 희생자를 처리한 후 마지막에는 세련된 결말에 도달한다. 무엇보다도 8명의 희생자로 분한 앨릭 기니스의 연기가 훌륭하다. 이 영화는 '일링 코미디(Ealing comedy, 1947년부터 1957년에 걸쳐 런던의 일링 스튜디오에서 만든 코미디 영화의 총칭)의 걸작'으로 영국에서는 상당히 인기가 있다. 원작은 영국 작가인 로이 호니먼(1874~1930)의 『이즈레이얼 랭크 - 어느 범죄자의 자서전』(1907)으로 지금은 거의 읽히지 않는다.

영화에 비해 원작이 음울하기 때문이기도 하지만, 책 제목으로 사용된 주인공의 이름에서도 알 수 있듯이, 원작에서는 주인공의 아버지가 이탈리아인이 아니라 유대인으로 되어 있다(원제는 Israel Rank: The Autobiography of a Criminal이다. Israel은 성서에 나오는 야곱의 다른 이름으로, 야곱의 자손인 유대인을 가리키기도 한다-역주). 유대인인 연속 살인마를 묘사하고 있기 때문에 이 소설은 '반유대인적'이라고 인식되었다고 한다. 단『데일리 텔레그래프』의 저널리스트인 사이먼 헤퍼는 이 작품은 사실 반유대주의에 대한 풍자를 드러내고 있다고 지적한다. 둘 중 어느 쪽이든, 영화로 제작할 때에는 특히 '유대인'과 관련된 요소를 생략하는 것이 중요하다고 판단한 것도 납득이 간다.

2012년에는 미국에서 이 작품을 바탕으로 한 뮤지컬이 상연되었고, 이듬해에는 브로드웨이에서 개막되었다. 《신사를 위한 사랑과 살인 안내(A Gentleman's Guide to Love and Murder)》(우리나라에서는 《젠틀맨스 가이드: 사랑과 살인편》이라는 제목으로 2018년에 초연되었다-역주)라는 제목으로, 여기서도 한 명의 배우가 여덟 명의 역할을 연기하고 있다는 점에서 이 작품이 영화를 의식해서 만들어졌다는 것은 분명하다(이 뮤지컬은 2017년에 일본에서도 상연되어 이치무라 마사치카[市村正親]가 1인 8역을 연기했다). 원작 소설과 영화에서는 왜 주인공이 어머니의 친정 집안 작위를 상속받을 수 있는지, 왜 작위 상속자 중에 여성도 포함되어 있는지에 대해서 설명하고 있다. 그에 반해서 미국의 뮤지컬에서는 단순히 주인공의 어머니가 가족이 반대하는 결혼을 했기 때문에 공작이 딸과의 연을 끊어버려 그녀가 상속에서 배제되었다고 설정하고 있다. 즉 흥미로운 점은 왜 어머니에게도 상속권이 있는지에 대해서는 전혀 언급하고 있지 않다는 것이다. 미국의 많은 관객들은 그러한 문제를 알지 못하기 때문에 귀찮은 설명을 덧붙여 장황하게 만들 필요가 없다고 판단했을 것이다.

상속제도와 여성

이와 같은 소수의 예외를 제외하고 영국에서는 귀족과 지주의 저택과 재산을 장남이 전부 상속받는 제도가 일반적이었다. 그리고 그것은 결과적으로 여성 교육에도 큰 영향을 미쳤다. 장남에게 무슨 일이 생길 때를 대비해 차남 이하의 교육도 소홀히 할 수는 없었지만, 딸의 경우에는 상속권이 전혀 없기 때문에 좋은 결혼을 하기 위한 예의범절과 교양을 가르치는 것만으로도 충분했다. 앞에서 언급한 제9대 말버러 공작의 부인인 콘수엘로는 1953년에 출판한 『광채와 금』이라는 자서전에서 소녀 시절에 동갑내기인 영국 귀족의 딸과 친해질 기회가 있었는데 그녀가 너무나 교육을 받지 못한 것에 깜짝 놀랐다고 기술하고 있다.

나중에 나는 영국에서는 여자아이들이 상당한 불이익을 입고 있고, 중요한 후계자를 위해서 그들이 희생하는 것을 당연하게 받아들이고 있다는 사실을 깨닫게 되었다.

(제2장)

영국에서 이 시대착오적이고 불공평한 장자상속제도가 공적으로 문제가 되지 않는 것은, 귀족과 부자들의 상속 문제가 어차피 대부분의 사람들에게는 남의 일이기 때문일 것이다. 어퍼 클래스와 어퍼 미들 클래스가 주요 독자층인 보수계 주간지『더 스펙테이터』(보리스 존슨 전 영국 총리는 이 주간지의 편집장을 역임했다) 2011년 4월 16일 호에는 '왜 숙녀들은 남성의 장자상속제도에 대해서 아무 말도 하지 않았는가?'라는 기사가 게재되었다. 저자는 백작의 남동생의 장녀이자 첫째 아이로 태어난 작가 레이철 워드다. 기사 속에서 그녀는 '자신의 아버지는 장남이 아니기 때문에 작위도 토지도 상속받지 못했다. 그러나 아버지가 스스로 일군 토지와 가산을 모두 남동생에게 남기는 것에 대해서 자신은 아무런 의문도 품지 않았다. 따라서 자신은 아버지와 남동생을 한 번도 원망한 적이 없다'고 이야기한다.

어렸을 때부터 남동생이 저택과 토지의 가산을 모두 (중략) 상속받을 것이라는 사실을 알고 있었다. 아버지가 "너는 귀여우니까 부자와 결혼할 수 있을 거야"라고 말하는 것도 기쁘게 생각했다. 자신이 받은 교육이 남동생들보다 못하고, 엉망인 성적표를 받아도 전혀 혼나지 않는 것을 당연하다고 생각했다. '교육을 받은 여성만큼 지루한 것은 없다'는 아버지의 말을 그대로 믿었다(그렇기 때문에 나는 모델이 되고 배우가 되었다).

대체 이것은 어느 시대 일인가 하고 의심스러워질 정도다. 레이철 워드는 1957년생으로 결코 먼 옛날의 이야기가 아니다. 영국의 어퍼 클래스와 어퍼 미들 클래스의 딸들이 들어가는 여자기숙학교를 가벼운 터치로 소개한『계약조건 - 1939년부터 1979년까지 이루어졌던 여자기숙학교에서의 생활』(Terms and Conditions: Life in Girls' Boarding Schools, 1939~1979. 'term'이 '학기', 'conditions'가 '학교의 상황'을 의미하기도 해서 재치 있는 표현을 사용하고 있다)에서 작자 이젠다 맥스턴 그레이엄은 다음과 같이 언급하고 있다.

> 대부분의 부모들이 딸이 학교에서 무엇을 배우고 있는지 전혀 모르고, 신경조차 쓰지 않았다. 예의 바르고 상냥한 인간으로 성장하여 적절한 친구를 만들면 그것으로 충분했다. 한편 그녀들의 형제들은 이튼과 해로 스쿨에서 훌륭한 교육을 받고 라틴어로 시를 쓰면서 연립방정식과 이차방정식을 풀고 있었다.
>
> (163쪽)

물론 모든 부모가 딸의 교육에 무관심했던 것은 아니고, 여자 기숙학교에서도 학문의 중요성을 강조하여 옥스퍼드대학과 케임브리지대학에 입학할 수 있도록 준비해주는 곳도 있었다. 그러나 그레이엄이 저서에서 언급하고 있듯이 프린세스 다이애나의 모교인 웨스트히스걸스스쿨(West Heath Girls' School)과 같이 학생들이 공부에 어려움을 느끼면 무리하게 시키지 않는 여학교들도 적지 않았다. 그레이엄은 다이애나와 같은 시기에 그 학교에 다니고 있던 여성이 "어려운 과목은 포기하고 전혀 안 했지만 아무도 주의를 주지 않았다"고 이야기한 내용을 인용하고 있다. 또한 그레이엄은 "실제로 다이애나, 프린세스 오브 웨일스는 세심한 배려와 타인에게 공감하는 법을 몸에 익혀 1977년에 웨스트히스를 졸업했지만 O레벨의 시험(당시에 시행되었던 16세 정도에 보는 통일시험)에는 하나도 합격하지 못했다"(162쪽)고 적고 있다.

그러나 레이철 워드는 자기 세대의 사람들에게는 어떤 것을 바꾸려고 해도 너무 늦었을지 모르지만 새로운 세대는 다르다고 말한다. 21세기의 젊은 여성들은 대학에서 학위를 취득하고 희망하는 직업을 가지며 남성과 같은 대우를 원하는 동시에 그러한 대우를 받고 있을 것이기 때문에 장자상속제도의 모순점에 대해서도 목소리를 높일 것이라고 이야기한다. 이것이야말로 마치 몇십 년 전에 있었던 여성 참정권에 대한 이야기를 읽고 있는 듯하다. 그러나 향후 영국 귀족과 지주를 유럽 중에서도 특별한 존재로 만들어온 '전통'과 '다음 세대에 무사히 상속한다'는 오랜 세월 동안 이어져온 제도에도 변화가 생길지도 모른다.

사실 레이철 워드가 이 기사를 쓴 것은 2011년으로, 영국의 왕위 계승권에 관한 협정이 막 체결되려고 할 무렵이었다. 이 협정에 의해서 그때까지 남성을 여성보다 우선하는 계승법이 개정되어 성별에 관계없이 장자를 우선하게 되었다. 영국 왕실을 예로 들자면 서거한 엘리자베스 여왕의 후계자는 찰스 왕세자였고, 그 후계자는 왕세자의 장남인 윌리엄 왕자, 그리고 그다음은 윌리엄 왕자의 장남인 조지 왕자라는 점까지는 이전과 동일하다. 그러나 그 후의 계승권의 순서는 달라진다. 이전이라면 조지 왕자의 남동생인 루이 왕자가 그다음 후계자가 되었겠지만 개정 후에는 조지 왕자의 다음 후계권을 샬롯 공주가 가지게 되고, 그런 다음 그녀의 동생인 루이 왕자에게로 이어지게 된다. 즉 태어난 순서대로 왕위가 계승되는 것이다(단 2011년 이전에 태어난 아이의 경우에는 이에 해당되지 않는다). 레이철 워드는 왕위 계승 순서에 관해서도 이와 같은 개정이 이뤄졌으므로 귀족과 지주의 장자상속제도도 바뀌어야 하지만 그것은 상당히 어려울 것이라고 하면서 반은 포기한 듯이 이야기한다. 그렇기 때문에 더욱 그녀는 다음 세대에게 기대를 거는 것이다. 이 건에 대해서는 줄리언 펠로우스도 불만을 표시했다. 그의 아내가 된 에마 조이 키치너(Emma Joy Kitchener)의 숙부인 헨리 허버트 키치너, 제3대 키치너 백작(Henry Herbert Kitchener, 3rd Earl Kitchener)은 평생 독신으로 살았고, 그에게는 작위를 상속받을 남자 친척도 없었다. 따라서 그의 죽음과 함께 키치너 백작이라는 작위는 사라져버렸다. 만약 여성이 작위를 상속받는 것을 인정했다면 펠로우스의 아내가 여백작이 되어 작위를 존속시킬 수 있었을 것이다.

이와 같이 영국의 장자상속제도는 장남을 매우 우대하지만, 작위는 그렇다 치고 광대한 토지와 저택, 그에 수반되는 여러 가지 책임을 물려받는 후계자들에게는 상속이 반드시 달갑지만은 않은 것이었다.

노블레스 오블리주 - 귀족의 의무와 책임

앞에서도 언급했듯이 영화 《친절한 마음과 화관》은 제10대 찰폰트 공작이 교수형에 처해지기 전날 밤 독방에서 자신의 수기를 다시 읽어보는 장면으로 시작된다. 밖에서 교도관이 공작의 그런 침착한 모습을 바라보면서 "과연 노블리스 오블라이즈"라고 감탄한다. "개중에는 고생시키는 놈도 있으니까. 발작을 일으키는 놈 따윈 정말이지 민폐야." 여기서 교도관이 '노블리스 오블라이즈'라고 발음한 것은 물론 '노블레스 오블리주(noblesse oblige)'를 말한다. 이것은 원래 프랑스어 표현으로 '고귀함(noblesse)'+'의무 등을 강제한다(oblige)', 즉 '높은 사회적 지위에는 의무가 따른다'는 뜻이다. 이 표현은 이미 영어의 일부가 되어 '노블레스 오블리주'라고 프랑스식으로 발음하는데, 교도소의 교도관은 그 단어를 어렴풋하게는 알고 있지만 정확하게는 알지 못해서 oblige라는 부분은 영어식으로 '오블라이즈'라고 발음하고 있다.

발음은 그렇다 치고 이 표현 자체는 사실 영국에서 널리 알려져 있다. 예를 들어 1937년에 런던의 웨스트엔드(West End, 런던 서쪽의 극장 밀집지역. 미국의 브로드웨이와 함께 연극과 뮤지컬의 명소로 불리는 곳이다-역주)에서 빅 히트를 친 뮤지컬 《미 앤드 마이 걸(Me and My Girl)》에는 '노블레스 오블리주'라는 곡이 있다. 헤어퍼드 백작이라는 귀족 가문에는 남자 후계자가 없는 상황이다. 이 작위가 소멸되지 않도록 하기 위해 이 집의 사무변호사가 필사적으로 후계자를 찾아다니고, 그 결과 한 명의 남성을 발견한다. 그는 런던의 이스트엔드에서 한가롭게 물건을 파는 노점상, 즉 워킹 클래스인 빌이었다. 그는 백작가로 와서 후계자가 되기 위한 훈련을 받는다. 그러나 그는 이내 훈련에 염증을 느끼고 심지어 런던에 두고 온 여자 친구에게로 돌아가고 싶어 안달이 난다. 숙모인 딘 공작 부인은 그런 빌을 향해 너에게는 귀족으로서의 의무가 있다고 낭랑한 목소리로 노래하는데 그 곡이 바로 '노블레스 오블리주'다. 저택에 걸려 있는 선조 백작들의 초상화가 '되살아나' 빌에게 훈계하는 시각적 효과도 곁들여져 이 곡은 인기가 높다(이 선조들의 초상화가 되살아나 경고하는 장면은 뮤지컬 《신사를 위한 사랑과 살인 안내》에서도 볼 수 있다). 이와 같이 귀족과 대지주에게는 권리뿐만 아니라 의무도 있어서 결코 즐겁지만은 않다는 관념이 문학과 문화라는 매체를 통해 확산된 것도 영국의 어퍼 클래스를 지켜온 커다란 요소 중 하나일 것이다.

어퍼 클래스의 '노블레스 오블리주'는 소유하고 있던 저택과 토지를 관리하는 것, 그곳에 사는 사람들과 이웃 주민들의 삶을 지키는 것, 그리고 저택과 토지를 온전히 다음 대에 물려주는 것이다. 따라서 그들은 자신들을 '소유자'가 아니라 '관리자'라고 표현하는 경우가 많다. 또한 주민들이 좀 더 가까운 길로 다닐 수 있도록 자신의 토지에 들어오는 것을 허가하는 '통행권'을 발급하고, 토지와 저택을 1년에 몇 번씩 공개하는 것도 '노블레스 오블리주'의 의무다. 19세기 후반의 소설 속에는 갑자기 큰돈을 벌어서 토지를 얻은 '벼락부자 지주'들이 이러한 의무를 다하지 않아 마을 사람들의 불만을 산다는 테마가 자주 보인다.

여기에서 다시 제인 오스틴의『오만과 편견』으로 눈을 돌리자. 주인공인 엘리자베스는 작위는 없지만 대지주이자 상당한 재산을 가진 미스터 다아시의 성격을 오해하고 험악한 분위기 속에서 그의 프로포즈를 거절한다. 그 후 그녀는 상대로부터 상황을 해명하는 편지를 받은 후 오해를 풀고 미스터 다아시의 저택을 구경하게 된다. 사정을 모르는 숙부와 숙모가 아름다운 저택과 정원으로 유명한 저택 팸벌리를 구경하러 가자는 제안을 한 것이다. 엘리자베스는 처음에는 주저하지만 미스터 다아시가 지금은 저택에 없다는 이야기를 듣고 호기심에 이 제안을 받아들인다. 독자들 중에는 자신이 냉담하게 차버린 남성의 저택을 일부러 보러 가는 엘리자베스의 행동을 이상하게 여기는 사람들도 있어서, 최근 발행된 책에는 주석이 붙어 있다. 그러나 당시에는 주인이 저택과 토지를 자신이 직접적으로 모르는 사람에게 보여주는 것은 흔한 일이었다. 물론 상대가 이상한 인물이 아니라 같은 계급에 속한 신사와 숙녀에 한해서였지만, 대개의 경우 저택의 가정부가 스스로 판단하여 방문객을 받아들이고 가이드 역할도 했다. 물론 아는 사람 또는 아는 사람의 초대장이 없으면 들어갈 수 없는 저택도 있었고, 무슨 요일 몇 시부터 몇 시까지라고 시간이 정해져 있는 경우도 있었다.

　엘리자베스는 이렇게 해서 팸벌리 저택을 방문하는데, 그곳의 실내장식과 품격 있는 가구들을 보고 감탄한다. 그리고 가정부의 말에 감동한다.

"그분은 이 세상에서 최고의 지주이자 최고의 주인입니다"라
고 가정부는 말한다. "(중략) 그분의 땅을 빌린 사람과 고용인
들 중 그분을 나쁘게 말하는 사람은 한 명도 없습니다."

(제3권 제1장)

팸벌리를 방문해서 다아시의 부를 눈으로 보고 재인식했기 때문
에 엘리자베스의 마음이 바뀌었다고 비판적으로 해석하는 경우도
있다. 그러나 여기에서는 역시 엘리자베스가 저택의 실내장식과 가
구에 반영되어 있는 다아시의 품격, 그리고 지주인 그의 '노블레스
오블리주'를 재평가하고 있다고 보는 것이 타당할 것이다.

다른 사람의 저택을 보러 가는 에피소드는 오스틴의 『맨스필드
파크』에도 묘사돼 있다. 미스터 러시워스라는 지성과 교양이 없는
인물의 저택인 서더튼에 그의 약혼자와 형제들, 친척, 친구들이 방
문한다. 러시워스의 어머니가 그들을 맞이하여 안내하는데 가구들
은 '50년 전에 유행했던 것'이고, 장식되어 있는 그림들의 대부분은
초상화였다. 작자는 러시워스 부인이 초상화의 인물들이 누군지를
가정부에게 배워서 암기했다고 서술하고 있다.

많은 그림 중 몇 개는 가치가 있는 것이었지만 대부분은 선조
들의 초상화로, 여기에서 가치를 찾는 사람은 러시워스 부인
뿐이었다. 아무튼 부인은 고생하면서 초상화의 인물이 누구인
지를 가정부에게 일일이 배워 암기했고, 그 노력의 결과로 지

금은 가정부에게 뒤지지 않고 집 안을 안내할 수 있을 정도가
되었다.

(제1권 제9장)

이 서술에서 러시워스 가문에는 다른 사람에게 보여줄 만하고 예
술적, 혹은 역사적으로 흥미를 느끼게 할 만한 그림과 예술품이 없
다는 사실을 알 수 있다. 게다가 주인인 러시워스 씨는 현재 소유하
고 있는 정원을 개조하고 싶어 하지만, 그에게는 스스로 계획할 수
있을 만한 취향도 기개도 없었다. 프로인 정원사에게 모든 것을 맡
기겠다는 그에게 친구가 뭔가 조언을 해줄 수 있을지도 모른다고
해서 성사된 것이 이들의 방문이다. 이 방문 동안에 이야기의 전개
상 중요한 몇 가지 사건이 일어나는데, 그 무대가 되는 서더튼에는
『오만과 편견』의 팸벌리와 마찬가지로 주인의 인품과 자질을 충분
히 반영한 효과적인 설정이 이루어져 있다.

컨트리 하우스는 그 규모나, 사람들이 감상하기에 적합한 예술적,
역사적 가치가 있는지의 여부와는 상관없이, 이처럼 사람들에게 보
여주는 것이었다. 20세기가 되자 방대한 유지비로 허덕이는 귀족과
지주들이 자신과 가족들이 살고 있는 저택의 일부와 정원을 공개해
서 입장료를 받아 수입의 일환으로 삼게 된 것도 이 '컨트리 하우스
방문'이라는 관습의 연장이라고 할 수 있다. 실제로 선대로부터 커
다란 저택과 토지를 물려받은 후계자들에게는 그것을 어떻게 유지
해서 다음 대에 물려줄 것인가 하는 것이 큰 과제였다.

컨트리 하우스와 사교

저택의 소유자에게 부과된 의무는 단순히 그것을 유지하는 것만이 아니다. 저택은 사교의 장이기도 해서, 때로는 외교와 정치의 중요한 회담을 위한 장소로 제공되기도 했다. 애거사 크리스티의『침니스의 비밀』(1925)은 크리스티가 즐겨 사용했던 국제적 음모와 스파이가 얽힌 장편소설 중 하나다. 가공의 컨트리 하우스인 침니스의 주인인 제9대 케이터럼 후작은 차남이기 때문에 원래는 상속자가 아니었다. 그러나 4년 전에 형이 죽어서 작위와 저택을 물려받게 되었는데 그것은 '그의 인생에서 크나큰 불행'이었다.

왜냐하면 선대의 케이터럼 경은 돋보이는 인물로, 영국 전체에 이름이 알려져 있었다. 외무장관이기도 해서 대영제국이 행한 여러 협의에 적극적으로 관여했고, 그러한 협의가 이루어진 그의 컨트리 하우스인 침니스는 손님들에게 훌륭한 대접을 하는 것으로 유명했다. 퍼스 공작의 딸인 유능한 아내의 내조를 바탕으로 침니스 저택에서 이루어지는 비공식적인 주말 모임에서는 역사가 탄생하거나 붕괴되기도 했다. 영국과 유럽의 저명인사라면 누구나 침니스에 머무른 적이 있을 정도였다.

(제3장)

제9대 케이터럼 후작은 죽은 형과는 대조적인 인물이었다. 사교를 싫어하고 정치에는 흥미가 없었으며 정치가도 싫어했다. 그럼에도 불구하고 사교와 대화를 위한 장소로 침니스 저택을 제공해야만 했다. 그것도 '노블레스 오블리주'인 것이다. 케이터럼 경은 마지못해 그것을 받아들이면서도 납득이 가지 않았다.

> 케이터럼 경은 침니스가 개인의 컨트리 하우스라기보다 국가
> 의 소유물이라는 사고방식에 대해 항의하고 싶었다.

(제3장)

그리고 이것이 컨트리 하우스 소유주들의 딜레마였다. 선대의 케이터럼 경처럼 자신이 국가의 정치와 외교에 관여해서 그것을 위해 저택을 활용하는 것을 당연하게 받아들이는 소유주도 있는가 하면, 귀족 집안에서 태어났더라도 그런 것에 맞지 않는 인물도 있다. 또한 20세기가 되어 컨트리 하우스가 팔리거나 그것을 부수거나 해서 결국 그 존속이 어려워지자 '국가의 재산'이라고 주장하는 여론이 생기기 시작했다. 그러나 그 재산을 지키기 위한 국가의 원조는 거의 이루어지지 않았다.

컨트리 하우스는 광대한 토지 안에 건립되었고 그곳에는 많은 방들이 있다. 사적인 호텔이나 합숙소 같은 느낌으로 비밀회의와 회합을 하기에는 아주 적합하다. 게다가 컨트리 하우스에는 '하우스 파티'라는 관습이 있어서 많은 사람들이 그곳에 모여 며칠 동안 함

께 지내도 이상하게 여기지 않았다. 이 '하우스 파티'를 '홈 파티'의 동의어라고 생각하기 쉬운데, 이 용어는 그것과는 다른 특별한 의미를 지닌다. 『하우스 파티 - 컨트리 하우스의 주말 여가와 오락의 짧은 역사』(2019)의 저자인 에이드리언 티니스우드는 "컨트리 하우스 파티는 영국 문화에서 특별한 위치를 차지하고 있다"고 지적한다.

> 하우스 파티의 황금기는 빅토리아 여왕 시대에 시작된다. 여왕의 장남(후에 에드워드 7세가 됨)과 친구들이 영국 전체의 컨트리 하우스에서 음주, 도박, 밀통(密通)에 정신이 팔려 있던 시절이다. 그리고 50년 후에 음주, 도박, 밀통보다도 파시즘과의 싸움이 우선시된 시대가 되자 막을 내렸다.

(서장)

컨트리 하우스 주인은 왕실 멤버와 놀기 좋아하는 어퍼 클래스, 유명인 등을 초대해서 토요일 오후부터 월요일 오전까지 그곳에 머무르며 사교 모임을 즐겼다. 거기에서 그런 사람들이 벌이는 모임이 '하우스 파티'다. 하우스 파티는 단순히 사교와 오락뿐만 아니라 정치와 외교를 둘러싼 회담을 위한 최적의 장소였다. 저명인사와 외교관, 정치가가 모여 있어도 '하우스 파티'라고 변명하는 것이 가능했다. 심지어 세상의 눈을 속이기 위해 그러한 회담과는 관계없는 사교계의 인물들을 여러 명 초대하면 단순히 화려한 하우스 파티가 되는 것이다. 하우스 파티에 누가 와 있는지에 따라서 그 저택의 평가가 결정될 정도였다. 저명인사와 사교계의 꽃이 참석하지 않은 하우스 파티는 주인과 안주인에게 그다지 명예로운 일은 아니었다. 물론 그중에는 크리스티의 소설에 등장하는 제9대 케이터럼 후작처럼 화려한 사교 모임은 물론이고 정치와 외교도 싫어해서 커다란 저택에서 조촐하게 지내는 컨트리 하우스 소유자들도 있었다. 그러나 그들은 '컨트리 하우스 소유자로서 책임을 다하지 않는다'고 간주되었다. 예를 들어 소설가 에블린 위(1903~1966)는 컨트리 하우스를 무대로 한 몇 권의 소설을 발표했는데, 그중 『한 줌의 먼지』(1934)에서는 휘턴 애비라는 컨트리 하우스의 소유주인 토니 라스트가 주말에 손님을 초대하는 것을 싫어하는 모습이 묘사되고 있다. 조식을 먹으면서 토니는 아내인 브렌다에게 말을 건다.

> "오늘은 토요일 아침이고 주말에 아무도 오지 않는 것이 얼마나 기쁜지 생각하고 있었어요."
> "그렇게 생각해요?"
> "당신은 그렇게 생각하지 않아요?"
> "글쎄요, 이렇게 큰 저택을 소유하고 있는데 가끔씩 사람들을 초대해서 머물게 하지 않으면 왠지 의미가 없는 것처럼 생각되기도 해서요."
>
> 『잉글리시 가십』

토니는 대대로 라스트 가문에 전해져온 휘턴 애비를 자랑스럽게 생각하고 있고, 자신이 죽은 후에는 아들인 존에게 저택을 물려주려고 한다. 그러나 이와 같은 저택을 소유하면 반드시 수반되는 '사교'의 의무를 다하려고는 하지 않는다. 주말에 하우스 파티가 없는 것을 알고 기뻐하고 있는 사이, 그는 이전에 런던에 갔다가 분위기에 휩쓸려 미들 클래스의 존 비버를 주말에 초대한 적이 있었는데, 그가 마침 자신의 집을 방문할 것이라는 사실을 알고 당황한다. 지금 다른 사람들을 초대하기에는 너무 늦어서 비버가 저택에 도착하자 브렌다가 먼저 그에게 사죄한다. "잘 오셨습니다. 처음부터 말씀드려야겠는데요. 죄송하지만 오늘은 파티가 없어요. 굉장히 지루하실 거예요." 자극적이고 즐거운 사교의 장을 마련하는 것이 손님을 대접하는 주인의 의무다. 그렇기 때문에 안주인인 브렌다는 먼저 손님에게 사죄하고, 그 대신에 그가 지루해하지 않도록 노력한다. 그러는 사이에 그녀는 점점 비버에게 마음이 끌린다. 브렌다가 비버와 만나기 위해 런던으로 놀러 간 사이, 여우 사냥을 하다가 사고가 발생하고 후계자인 존이 사망한다. 부부 사이는 붕괴되고, 토니는 남미로 탐험을 하러 떠난 후 돌아오지 않는다. 휘턴 애비는 토니의 먼 친척 손에 넘어가게 되고, 그들은 여우 농장을 시작해서 돈을 번다. 토니 라스트의 비극과 휘턴 애비의 타락이라는 결말이 그가 저택에서 마땅히 해야 할 사교 모임을 게을리했기 때문에 받은 벌이라고 한다면 너무 지나치다고 생각할지도 모르겠다. 그러나 이 작품은 어퍼 미들 클래스인 에블린 워가 어퍼 클래스의 '의무'를 다하지 않는 지주 집안의 붕괴를 그 나름의 독특한 독설과 유머로 그린 것이라고 해석할 수도 있다.

컨트리 하우스에서는 앞서 언급한 대로 역사를 좌우하는 다양한 회합이 열렸다. 예를 들어 가즈오 이시구로의 소설 『남아 있는 나날』의 주인공인 스티븐스가 근무하는 달링턴 홀은 바로 그와 같은 하우스 파티가 열리는 저택이었다. 앞에서도 소개한 미국 태생의 애스터 자작 부부의 저택인 클리브덴(Cliveden)도 그와 같은 정치적인 하우스 파티로 유명해서, 그곳에 모이는 사람들은 '클리브덴 세트'라고 불리며 매스컴의 주목을 받았다. 『남아 있는 나날』에서 묘사된 것처럼, 이곳은 독일에 대한 융화주의 정책이 논의된 장소라는 설도 있지만 그 진위는 알 수 없다.

컨트리 하우스와 정치

영국 총리의 별택(別宅)인 체커스 코트(Chequers Court)는 18세기에 지어진 컨트리 하우스다. 데이비드 로이드 조지가 총리였던 1917년에 영국 총리의 별택으로 사용하는 것을 조건으로, 정식으로 국가 소유가 되었다. 그때까지의 영국 총리는 어퍼 클래스 출신으로 컨트리 하우스를 가지고 있는 것이 당연했으나 이후에는 그렇게 되지 않을 것이라고 예상하여 체커스의 소유주였던 서 아서 리(Sir Arthur Lee)가 국가에 기부했다. 처음으로 체커스를 별택으로 사용하는 행운을 얻은 것은 데이비드 로이드 조지가 아니라, 1924년에 최초로 노동

8. 영국 총리의 별택인 체커스 코트.

당에서 총리로 선출된 램지 맥도널드였다. 역사 연구가인 데이비드 캐너딘은 맥도널드에 대해서 '가난한 사생아로 아웃사이더다운 열의를 가지고 어퍼 클래스 세계로 진출했다(그것이 그의 정치 생명에는 매우 불리하게 작용했지만)'고 언급하고 있다(『영국 귀족의 흥망』 228쪽). 체커스 코트라는 컨트리 하우스를 제공받은 것은 맥도널드에게는 분명히 고마운 일이었을 것이다.

  상속받은 저택과 토지를 유지하고 사교 모임을 게을리하지 않으며 주말마다 하우스 파티를 여는, 이와 같은 '노블레스 오블리주'를 실행하는 데는 상당한 재력과 그것을 할 수 있을 만한 기력과 체력 그리고 자질이 수반되어야 했다. 그러나 19세기 후반이 되면 토지에서 얻는 수익은 계속 줄어들었다. 따라서 저택과 토지를 유지하고 사교에 막대한 비용을 들여야 하는 귀족과 대지주들에게는 재력이 큰 문제가 되었다.

그들 중 상당수가 부잣집 딸과 결혼해서 재산을 얻는 것이 살아남는 유일한 방법이라고 생각하게 되었다. 게다가 결혼 상대에게는 그와 같은 저택 여주인으로서의 의무를 다하고 화려한 하우스 파티의 안주인 역할을 할 수 있는 능력이 필요했다. 거기에 등장한 것이 미국 부호의 딸들이었다. 다음 장에서는 이러한 미국 부호의 딸들이 어떻게 영국의 어퍼 클래스에 들어가게 되었고, 그들이 어떤 영향을 미쳤는지에 대해 살펴보고자 한다.

제4장
미국의 자본

미국의 작가 이디스 휘턴(1862~1937)의 소설 중에『해적들』이라는 작품이 있다. 저자가 1937년에 죽었기 때문에 이듬해에 미완인 채로 출판되었다. 후에 휘턴 연구자인 매리언 메인웨어링이 가필하여 1993년에 '완성판'으로 출판되었다. 제목을 보면 모험소설이라고 생각하겠지만 사실 그렇지 않다. 소설의 무대는 1870년으로, 주인공은 미국 부호의 딸인 난 세인트 조지다. 난과 그녀의 자매들, 그리고 친구들이 런던 사교계에서 영국 귀족들과 사귀게 되어 결혼하는 모습을 그리고 있다.

이 시대에 미국 사교계의 중심은 뉴욕으로, 이른바 '올드 머니(old money)'가 주름잡고 있었다. 뉴욕 사교계에서 쫓겨난 '뉴 머니(new money)'는 신참들에게 훨씬 관대했던 유럽과 런던의 사교계로 건너간다. 그곳에서 귀족의 아들을 만나 결혼해서 뉴욕의 사교계에 복수한 젊은 여성들이 '해적'으로 알려지게 되는 것이다.

『해적들』에는 다음과 같은 묘사가 있다.

이 '유료 무도회'는 세인트 조지 부인에게는 특히 견딜 수 없는 것이었다. 입장권을 살 수 있는 행사에서 어째서 내 딸들이 따돌림을 당하는지 이해할 수 없었다. 무도회에 관해서는 집에 드나들고 있는, 헤어스타일리스트로 이름이 알려진 케이티 우드에게 모든 것을 듣고 있었다. 케이티는 사교계에서 눈에 띄는 사람들의 머리를 모두 만지고 있었는데, 악의는 없겠지만 고민하는 세인트 조지 부인의 심장에 비수를 꽂는 말들을 연발한다. "부인과 지니 씨가 다음 주 수요일에 있을 첫 무도회를 위해서 제가 머리를 만져주기를 원하신다면 지금 바로 이야기 해주세요. 이미 오후 3시 이후에는 예약이 꽉 차 있으니까요" 라든지, "오페라 개막 첫날에 초대를 받으셨다면 왼쪽 어깨 위로 컬을 해서 정돈하는, 지금 유행하는 시뇽(chignon, 프랑스어로 목덜미 위로 틀어올린 머리를 일컬음-역주)으로 해볼까요?"라든지, 더 심한 것은 "지니 씨는 '목요일 밤의 댄스'의 멤버시죠? 올겨울에 데뷔하는 아가씨들은 사과꽃으로 된 화환이나 장미꽃 봉오리를 몸에 지니는 경우가 많다고 하네요. 아니면 지니 씨의 눈 색깔에 꼭 맞는 물망초로 할까요?"

틀림없이 꼭 맞겠지. 그러나 버지니아(애칭 지니)는 초대받지 못했다.

(제1권 제6장)

'유료 무도회(subscription ball)'란 개인의 집이 아니라 델모니코스(Delmonico's, 델모니코스 집안이 맨해튼에서 19~20세기에 걸쳐 운영한 고급 레스토랑-역주) 등 유명 레스토랑에서 열린 것이다. 사교계의 리더가 주최하고, 선택된 사람들에게 '기부'를 하지 않겠느냐며 그들을 초대한다. 초대받은 사람에게는 기부 대신에 몇 장의 초대장을 보내는 시스템이다. 공공장소에서 개최되기는 하지만, 입장료를 지불하기만 하면 누구나 참가

할 수 있는 성질의 것이 아니었다.

19세기에 뉴욕 사교계를 좌지우지했던 것은 네덜란드에서 온 개척자의 자손들이었다. 그들은 선조의 복장에서 딴 닉네임 '니커보커스(knickerbockers, 무릎까지 오는 길이로 끝단을 접어넣은 헐렁한 바지. 20세기 초에 미국에서 특히 인기가 있었다-역주)'로 알려진 은행가, 법률가, 상인 등 근면하고 정직하며 보수적인 미들 클래스의 시민들이었다. 그들은 그 근면함과 철저함으로 커다란 부를 축적했고, 결코 사치스러운 낭비를 하지 않았다. '브라운 스톤'이라고 불리는 적갈색 사암(砂巖)을 사용한 집에서 살았고, 서로를 디너에 초대해도 호화로운 음식은 대접하지 않았다. 따라서 자택에서 무도회를 연다는 것은 생각지도 못했다. 이디스 휘턴은 이들 '올드 머니'의 일원이었다.

이 작고 배타적인 사교계에 난입한 것이 남북전쟁 후에 투기, 광산, 철도와 선박, 그리고 금융과 부동산으로 거액의 재산을 축적한 '뉴 머니'였다. 그리고 이들 '뉴 머니'는 낭비를 부끄럽다고 생각하기는커녕 그것이 삶의 보람인 듯이 지냈다. 바로 '도금시대(the Gilded age)'의 도래다. 그러나 그들은 아무리 돈이 많아도 재력만으로는 뉴욕 최고의 사교계에 들어갈 수 없다는 것을 깨닫게 된다.

뉴욕의 사교계

당시 뉴욕 사교계의 리더는 저 유명한 캐럴라인 애스터(Caroline Astor)

부인이었다(『조용히 해 로즈』로 친숙한 낸시 애스터[Nancy Astor]의 시아버지는 그녀의 조카다 그는 숙모와 사이가 나빠서 미국은 '신사가 살 곳이 못 된다'며 영국으로 이주해버렸다). 물론 '니커보커스'의 일원이다.

영국의 작가 앤 드 커시는 그의 저서 『남편 사냥꾼들 - 런던과 뉴욕 사교계에서의 상승 지향』(2017)에서 애스터 부인에 대해 "그녀의 남편이 가진 거대한 재산은 50년보다도 전에 축적한 것으로, 애스터 부부는 당연히 '올드 머니'로 분류되었다"라며 비아냥거리듯 서술하고 있다(16쪽). 영국과 같은 귀족이 존재하지 않고,

9. 카롤루스 뒤랑 「캐럴라인 애스터의 초상」
1890년.

'올드 머니'와 '뉴 머니'의 차이가 고작 50년 밖에 안 되어서 모든 인간이 어차피 '미들 클래스'인 이 세계에서는 어쨌든 내부에 배타적인 '엘리트' 세계를 만들어 새로운 '벼락부자'를 배제할 필요가 있었다. 애스터 부인은 제1대 네덜란드 개척자의 자손으로, 프랑스 계열의 학교에서 교육을 받았고, 프랑스를 몇 번인가 방문한 적이 있었

다. 프랑스의 패션과 요리, 가구, 그림, 건축을 좋아하고, 그녀의 남편이 가진 재력은 그와 같은 화려한 취미를 즐길 수 있는 뒷받침이 되었다. 드 커시는 애스터에게 존재를 인정받지 않으면 뉴욕의 사교계에 들어갈 수 없어서, 록펠러(Rockefeller), 카네기(Carnegie), 굴드(Gould) 같은 굴지의 재벌들도 그녀의 서클에는 들어가지 못했다고 썼다. 애스터 부인이 무시하면 싫어도 그녀의 눈에 띄기 위해 애스터가의 맞은편에 저택을 사는 사람들도 있었으나 그 시도는 전부 실패로 끝났다. 왜냐하면 5번가(Fifth Avenue, 1862년에 캐럴라인 애스터와 그녀의 남편은 뉴욕 5번가에 집을 지었다-역주)로 몰려드는 호기심 많은 서민들에게 자신의 모습을 보이기 싫어한 애스터 부인은 자택 창문에 가까이 가지 않았기 때문이다(『남편 사냥꾼들』, 18쪽).

애스터 부인의 이러한 지위는 사실 자연스럽게 구축된 것은 아니었다. 그녀를 정점으로 한 뉴욕 사교계는 워드 맥알리스터(Ward McAllister)라는 미국의 남부 출신자가 프로듀스한 것이었다. 맥알리스터는 1852년에 자산가의 딸과 결혼해 로드아일랜드주의 뉴포트에서 살고 있었는데, 그곳의 사교계에서 성공해 이번에는 뉴욕을 제패하고자 그곳으로 옮겨왔다. 드 커시는 맥알리스터에 대해 '뉴 머니의 중요성을 인식했다는 점에서 그의 총명함이 엿보인다'고 평가하고 있다(20쪽). 그는 이미 그 지위를 확립하고 있었던 애스터 부인을 정점에 놓고 '올드 머니'와 '뉴 머니' 중에서 고른 사람들을 중심으로 '사교계'를 재구축하려고 했다. 작은 '선고위원회'가 설립되었고, 위원들은 맥알리스터의 집에 모여 1, 2개월에 걸쳐 후보자들을 음미하고 체로 거른 후 '올드 머니'와 '뉴 머니' 중에서 총 25명의 남성들을 골라냈다. 그들은 '가장(Patriarchs)'으로 알려지게 되었는데, 그 역할은 시즌마다 두세 차례의 무도회를 개최하는 것이었다. 그들은 125달러의 '기부금'을 지불하고, 그 대신에 네 명의 여성과 다섯 명의 남성을 무도회에 초대할 수 있는 권리를 얻었다. 즉 앞에서 인용한 문장에서 나오는 '유료 무도회'의 바탕이 된 제도다.

심지어 맥알리스터는 젊은 세대들이 서로에 대해서 알 수 있는 기회를 만들기 위해 '패밀리 서클 댄싱 클래스'라고 알려진 젊은이들을 위한 댄스 교실과 무도회를 기획했다. 사교계에 데뷔한 아가씨들은 모두 하얀 의상과 그때마다 정해진 복장으로 출석한다. 『해적들』의 인용문에 나온 '목요일 밤의 댄스'라는 것은 이것을 가리킨다. 딸을 위해 어떻게든 초대장을 얻으려고 필사적으로 노력하는 어머니들은 맥알리스터에게 직접 부탁하러 오는 경우가 많았지만 성공할 확률은 높지 않았다.

이 '엘리트' 사교계에 들어가지 못한 사람들은 시즌 중에는 체면을 차리기 위해 뭔가 그럴싸한 변명을 만들어 뉴욕을 떠날 수밖에 없었다. 『해적들』에서도 어떤 모임에도 초대받지 못한 세인트 조지 부인이 집에 드나들고 있는 헤어스타일리스트에게 구차한 변명을 늘어놓고 있다.

유료 무도회의 기부자 리스트에 이름을 올리지 못하고, 오페라 개막 첫날에 박스석을 얻지 못한 세인트 조지 부인이 무엇을 할 수 있겠는가? 무관심한 듯이 "어머, 그때 여기에 있을지 어떨지 알 수 없어요. 만약 남편이 휴가를 얻는다면 가족끼리 플로리다에 갈지도 몰라서요"라고 말할 수밖에 없었다. 그리고 그렇게 말하면서도 자신의 말을 헤어스타일리스트가 어느 정도로 믿을지 알 수 없었다.

(제1권 제6장)

그리고 결론적으로 세인트 조지 부인은 플로리다보다도 훨씬 먼 영국으로 딸들을 데리고 가서 그곳에서 훌륭한 결혼 상대를 찾는 데 성공한다. 실제로 대부분의 '해적'들은 그런 뉴욕 사교계에서 무시당한 사람들이었다.

여기에 덧붙이자면, 위에서 인용한 오페라란 '아카데미 오브 뮤직' 극장에서 상연하는 것을 가리킨다. 이 극장은 1854년에 문을 열어 뉴욕 '올드 머니' 엘리트들의 사교를 위한 장소로 사용되었다. 빨간 벨벳으로 된 쿠션이 덧붙여진 호화로운 18개의 박스석은 모두 '니커보커스'가 소유하고 있어서, 그들이 인정한 사람들에게만 자리를 양보해주었다. 오페라를 열광적으로 좋아했던 '뉴 머니' 윌리엄 헨리 밴더빌트(William Henry Vanderbilt)는 1880년에 한 시즌만이라도 좋으니 박스석을 손에 넣고 싶다면서 3만 달러를 주겠다고 했지만 거절당했다고 한다. 세인트 조지 부인이 박스석을 손에 넣을 수 없었던 것은 어쩌면 당연한 것이다.

그러나 이 올드 머니의 속물적인 배타성이 생각지도 못한 성과를 냈다. 화가 나서 속앓이를 하던 밴더빌트가 자신과 같은 꼴을 당한 '뉴 머니' 친구들을 모아 새로운 오페라 하우스 건설에 착수한 것이다. 밴더빌트 가문과 애스터 가문의 '중심'에서 벗어난 사람들, 그리고 J. P. 모건(J. P. Morgan) 등이 각각 1만 달러 이상의 자금을 투자해 1883년에 아카데미 오브 뮤직보다도 훨씬 크고 훌륭한 오페라 하우스를 건립했다. 그것이 메트로폴리탄 가극장이다. 메트로폴리탄 가극장은 곧바로 뉴욕 오페라의 중심지가 되었다. 그에 반해 아카데미 오브 뮤직은 1886년이 되자 오페라 상연을 중지하고 보드빌(vaudeville, 춤과 노래, 마술, 만담 등을 담은 대중오락) 공연장으로 전향하게 되는데, 그것도 오래가지 못하고 1926년에는 사라지게 된다. 지금은 여기에 고층 빌딩이 들어서 있다.

매력을 만들어낸 요인

그리고 '뉴 머니'를 따돌리려는 속물적인 배타성이 낳은 또 하나의 산물이 '해적'들이다. 그중에서도 가장 유명한 예는 후에 윈스턴 처칠의 어머니가 되는 제니 제롬(Jennie Jerome)일 것이다. 그녀의 아버지인 레너드 제롬(Leonard Jerome)은 '뉴 머니'로, 매디슨 스퀘어에 화려한 금장식으로 된 저택을 지었을 뿐만 아니라 무대의 여배우들과도 친해서 그들이 자택에 드나드는 것을 허용했다. 그의 부인인 클래라(Clara)에게는 당연히 애스터 부인의 초대장이 올 리가 없었다. 초대장이 없으면 세 명의 딸들, 즉 클래라, 제니, 리오니(Leonie)에게 좋은 결혼 상대를 찾아줄 수 있는 기회는 없다고 해도 과언이 아니었다. 결국 제롬 부인은 남편에게 몸이 좋지 않다고 호소하며 파리에서 '요양'할 필요가 있다고 설득한 후, 1867년에 딸 셋을 데리고 프랑스로 건너간다. 제2 제정시대(프랑스의 2월혁명 후에 수립된 제2공화정의 대통령 루이 나폴레옹이 1851년에 쿠데타를 일으킨 후, 국민투표로 황제의 지위에 올라 성립된 정권. 1851~1871-역주)였던 파리에서 그들은 나폴레옹 3세와 황후 외제니 드 몽티조(Eugénie de Montijo)를 중심으로 한 화려한 사교계에 별 어려움 없이 진입할 수 있었다. 제롬 자매들은 모두 아름답고, 교양도 있으며, 아버지의 재력 덕분에 최고의 패션을 몸에 두르고 자신의 매력을 최대한 어필할 수 있었다. 1870년에 일어난 제2 제정 타도를 계기로 그들은 런던으로 건너가게 되는데, 제롬 자매들의 매력과 재력은 그곳에서는 특히 유리한 것이었다. 당시 런던의 어퍼 클래스에서는 미국 부자의 딸들만큼이나 패션에 시간과 돈을 들이는 사람은 없었던 것이다.

파리에서 생활하면서 세련됨을 배우고, 몸치장을 위해서는 돈을 아끼지 않으며, 미국의 젊은 여성들이 지닌 특유의 자신감과 사교성으로 무장한 이 자매들이 영국 사교계에서 눈에 띄는 것은 당연한 일이었다. 제니는 무도회에서 제7대 말버러 공작(7th Duke of Marlborough)의 셋째 아들인 로드 랜돌프 처칠(Lord Randolph Churchill)의 마음에 들어 만난 지 3일 만에 프러포즈를 받았다. 이 결혼은 양가에서 반대했다. 말버러 공작 부부가 아들이 내력을 알 수 없는 미국인 여성과 결혼하는 것에 반대한 것은 물론이고, 딸들이 사교계에서 성공하자 기분이 좋아진 제롬 부인도 작위를 계승할 전망이 없는 셋째 아들과 결혼하는 것을 반기지 않았던 것이다. 그러나 두 사람은 양가를 설득했고, 1874년에 21세의 제니는 레이디 랜돌프 처칠이 되었다. 드 커시는 말버러 공작의 저택인 블렌하임 궁전(Blenheim Palace)에 처음으로 발을 디딘 제니가 장대한 저택과 부지에 압도되기는커녕 어딘가 잘난 척하는 태도를 취한

10. 레이디 랜돌프 처칠의 포트레이트, 1880년경.

것이 공작 가문 사람들을 짜증나게 했다고 서술하고 있다(55~56쪽). 제니는 시어머니와 자매들의 옷과 구두에 대한 취향을 한탄하며 친정에 거리낌 없는 감상을 적어 보냈다. 자신이 그들보다 아름답고 지식과 교양도 있다는 사실을 충분히 자각하고 있었던 것이다.

실제로 이 기간에 미국 부호의 딸들이 잇따라 영국 귀족들과 결혼한 데에는 지참금뿐만 아니라 그들이 자라온 방식에서 나오는 매력이 중요한 요인이 된 것도 사실이다. 드 커시에 따르면 1870년부터 1914년 사이에 영국 귀족과 결혼한 미국인 여성 수는 100명 이상이

나 된다고 한다(1쪽). 영국 어퍼 클래스의 딸들과 비교해볼 때 그녀들은 외모를 치장하는 데 돈을 들일 뿐만 아니라 제니 제롬처럼 사교계에서 자신감이 넘쳤고, 유럽 사교계에서도 주눅 들지 않았다. 그녀들의 자신감은 어디에서 비롯된 것일까?

　가장 큰 요인으로는, 미국 부호의 딸들의 경우에는 영국과는 달리 여성이기 때문에, 혹은 장남이 아니기 때문에 재산을 상속받지 못하는 일은 없었다. 영국의 인기 드라마《다운튼 애비》에서 그랜섬 백작 부인인 코라가 미국인이라는 설정은 앞에서 이미 언급했다. 드라마의 한 에피소드에서 백작의 어머니가 미국에서 찾아온 코라의 어머니에게 "영국에서는 여자 상속인이라는 개념이 없어요"라고 말하는 장면이 나온다. 이 시리즈의 제작자인 줄리언 펠로우스는 이 미국인 백작 부인 코라에 대해서, 시카고의 부동산 투기꾼의 딸로서 스카스데일 자작(Viscount Scarsdale)과 결혼해서 레이디 커즌(Lady Curzon)이 된 메리 라이터(Mary Leiter)에게서 아이디어를 얻었다고 한다(제시카 펠로우스, 「다운튼 애비의 세계」 56쪽). 메리의 어머니는 품위가 없는 것으로 유명했다고 하는데(《다운튼 애비》에서는 이 역할을 미국 배우 셜리 매클레인이 연기한다) 딸의 매력은 어머니의 나쁜 평판도 뛰어넘을 정도였다고 한다. 앞 장에서도 서술한 것처럼, 영국의 어퍼 클래스 여성들은 아버지의 작위와 저택, 토지를 상속받을 수 없을 뿐만 아니라 후계자와 그 '예비'의 교육에 돈과 시간을 쓰고자 하는 아버지의 교육 방침 때문에 제대로 된 교육조차 받지 못했다. '좋은' 결혼을 하는 것만이 여성들의 목적으로, 결혼해버리면 자신이 가지고 있던 재산은 모두 남편의 것이 된다.

이에 비해서 미국 여성들은 그러한 의미에서는 남성들과 동등했다. 드 커시는 이것을 개척시대에 여성이 남편과 공동으로 삶을 쟁취해나간 풍습이 남긴 흔적이라고 추측하고 있다(29쪽). 게다가 미국인 남편들은 그러한 아내를 소중히 여기고, 일 이외의 것에 관해서는 전부 아내가 결단하도록 맡겨두었다. 뉴욕의 사교계를 좌지우지했던 인물들이 애스터 부인을 중심으로 한 '사모님들'이었던 것도 그러한 상황을 보여주는 것이다. 남편들은 오로지 일에 몰두해서 돈을 벌고, 필요할 때 수표에 사인을 한다. '미들 클래스'다운 도식인 것이다. 제니 제롬의 아버지도 아내와 세 명의 딸들이 자신을 두고 유럽에 가버리는 것에 대해 아무런 저항도 하지 않고 원하는 대로 그들에게 수표를 보내주었다. 아름답고 세련된 딸들은 이와 같은 아버지에게 큰 사랑을 받았다. 미국인 아버지들은 딸들을 '프린세스'라고 부르는 경우가 많은데 실제로 그녀들은 작은 여왕처럼 자랐다.

게다가 유모의 손에서 벗어나자마자 아들을 기숙학교에 보내는 관습을 가진 영국의 어퍼 클래스에서는 형제라도 방학 때만 만날 수 있었고, 오직 그때만 이성과 접할 수 있는 기회가 있었다. 한편 미국의 아이들은 이른 시기부터 이성과 접하고, 사교 댄스 클래스 등에서는 어렸을 때부터 그들에게 남녀의 역할을 주입시킨다. 그 결과 여성은 경박하지 않을 정도의 적당한 교태를 부리며 남성과 접할 수 있는 '기술'을 얻는 것이다. 휘턴의 『해적들』에는 등장인물

중 한 명이 "교태를 부리는 것은 우리들의 핏속에 흐르고 있는 성질이지"라고 웃으며 말하는 장면이 있다(제17장). 미국인 여성들이 태생적으로 요염하다는 이미지가 있었던 것도 사실인 듯하다. 자기 재산을 가지고 있고, 몸치장에 듬뿍 돈을 쓰며, 아이 때부터 부모들의 끔찍한 사랑을 받아서 자신감이 넘치고, 남성과의 사교에도 익숙하다.—미국의 프린세스들은 그러한 '무기'를 겸비하고 영국 사교계로 들어간 것이다.

순진무구함과 교태의 경계

순진무구하고 순수한 것인지, 아니면 기교적이고 교태를 부리는 것인지 알 수 없는 미국의 젊은 아가씨들의 모습을, 미국인 작가 헨리 제임스(1843~1916)도 그의 작품 속에서 묘사하고 있다. 예를 들어 1876년에 발표한 『데이지 밀러』에서는 어머니와 남동생과 함께 유럽을 여행하는 부잣집 아가씨 데이지 밀러가 등장하는데, 프레드릭 윈터본이라는 청년이 그녀에게 매료된다. 윈터본도 미국인이지만 그는 스위스의 제네바에서 소년 시절을 보냈고, 대학도 제네바에서 다녔기 때문에 유럽에 완전히 융화되어 있었다. 그러한 그에게 데이지는 미국인다운 태평스러운 모습으로 말을 건다.

그녀는 마치 오랫동안 알고 있었던 듯이 윈터본에게 말을 걸었다. 그것이 그에게는 매우 기분 좋게 느껴졌다. 젊은 아가씨가 이렇게 이야기하는 것을 듣는 것은 몇 년만이었다.

(제1장)

데이지는 심지어 자신이 뉴욕에서 "많은 사람들과 친분을 쌓았어요"라고 자랑스럽게 말하며 이렇게 덧붙인다. "저는 항상 신사분들에게 둘러싸여 있었어요"(제1장). 이 대담한 발언은 윈터본을 당황하게 하는데 그럼에도 불구하고 그는 데이지의 이 '미국인다움'에 끌리고 만다.

그는 자신이 제네바에서 너무 오래 살고 있어서 미국식 말투에 더 이상 익숙하지 않다고 느끼고 있었다. 이런 것을 인식할 수 있는 연령이 된 후 이 정도로 확실한 타입의 미국인 아가씨와 만난 적이 없었다. 분명 그녀는 매력적이었다. 그리고 얼마나 사교적인가!

(제1장)

윈터본의 숙모는 다른 동행이 없이 윈터본과 단둘이서 관광하러 가는 것을 허락한 그녀를 달가워하지 않는다. 미국인 아가씨라고는 해도 데이지의 이 '자유분방함'은 도가 지나치다고 깨달은 윈터본은 그러나 오히려 점점 더 그녀에게 흥미를 느낀다. 결국 데이지는 충고를 무시한 채 밤중에 남자와 콜로세움을 구경하다가 로마열(지금은 아마도 말라리아일 것이라고 추측하고 있다)에 걸려 사망한다. 일찍이 데이지의 추종자였던 '재산을 노린 유명한 로마 남자들' 중 한 명이었던 그는 데이지에 대해 "제가 지금까지 만난 사람들 중에서 가장 아름답고 가장 마음씨가 고운 아가씨였습니다"라고 말하고, "그리고 가장 순진무구했습니다"라고 덧붙인다.

미국인들도 눈살을 찌푸리게 하는 데이지 밀러는 미국 사교계에서 볼 수 있는 전형적인 젊은 아가씨라고는 할 수는 없다. 그러나 이 '순진무구함'과 '교태'의 절묘한 조합은 틀림없이 '미국적'이다. 유럽의 어퍼 클래스에서 미국인 여성들이 압도적인 인기를 얻은 이유 중 하나도 바로 이런 점이었다.

영국 왕가와 미국 여성

영국의 사교계에서 미국의 젊은 여성이 성공한 요인으로는 또 한 가지가 있다. 후에 에드워드 7세가 되는 당시의 왕세자가 '미국을 좋아한다'는 것이었다. 왕세자는 1860년에 처음으로 미국을 방문했다. 당시 19세였던 왕세자를 단 한 번만이라도 보고자 3만 명이나 되는 사람들이 뉴욕시의 브로드웨이 양쪽에 길게 늘어서 있었다고 한다. 게일 매콜과 캐럴 맥디 윌리스는 공저 『영국 귀족과 결혼하는 것』(2012)에서 대환영을 받은 왕세자가 미국인 여성에게 푹 빠져서 그것이 영국 사교계에 큰 영향을 주었다고 언급하고 있다(3쪽).

왕세자는 어머니 빅토리아 여왕과는 너무나 달라서 노는 것을 즐기고 사치스러운 것을 좋아했다. 경마, 여우 사냥, 엽총, 도박을 매우 좋아해서 대중 오락장인 뮤직홀에도 드나들었고, 밤늦게 여성과 함께 개인실이 있는 레스토랑으로 외출을 하기도 했다. 1863년에 당시 18세였던 덴마크의 알렉산드라 공주와 결혼해서 런던의 말버러 하우스(Marlborough House)라는 저택에서 살기 시작했다. 그러나 결혼 후에도 여자들을 좋아하는 버릇은 여전해서 1870년에는 그것이 큰 스캔들로 번졌다. 하원의원이자 준남작인 서 찰스 모돈트(Sir Charles Mordaunt)가 아내와 이혼했을 때, 그녀가 부정을 저지른 상대로 왕세자를 지목하고 증거물로 왕세자가 아내에게 보낸 편지를 제시했다. 그 결과 영국 역사상 처음으로 왕세자가 공판에서 증인으로 서게 되었다. 왕세자는 그 자리에서 "부적절한 행위는 하지 않았다"고 선언했으나 왕세자가 그런 자리에 선 것만으로도 충분한 스캔들이었다. 도덕적으로 근엄하고 성실한 빅토리아 여왕에게는 골치 아픈 아들이어서, 그에게는 책임 있는 임무를 맡기지 않았다. 한편 왕세자의 화려한 스캔들은 그런 숨 막히는 어머니에 대한 저항이었다고도 할 수 있다. 런던의 말버러 하우스, 그리고 노펵(잉글랜드 동부)에 있는 저택 샌드링엄(Sandringham)에서 왕세자는 '유행의 첨단을 걷는 사람들(the fashionable set)'을 모아 화려한 생활을 했다. 그는 스스로 부를 축적한 벼락부자, 배우, 가수 등 그때까지 사교계에서 환영받지 못했던 사람들을 좋아해서, 왕세자를 초대한 안주인은 그와 같은 손님들을 함께 저택으로 초대하게 되었다.

왕세자는 자신을 지루하게 하는 인간들을 가차없이 내쳤다. 저녁 식사를 할 때 지루해지기 시작하면 테이블을 손으로 두드리는 버릇이 있어서, 그것을 본 안주인은 재미있는 화젯거리를 제공하는 등 어떻게 해서든지 상황을 개선하려고 노력했다고 한다. 그리고 항상 왕세자의 주의를 끌고 즐겁게 해준 인물들이 바로 미국의 '해적들'이었다.

레이디 랜돌프 처칠이 된 제니도 왕세자의 마음에 드는 한 사람이었다. 1872년에 제니는 왕세자 부부를 위한 선상 파티에서 로드 랜돌프 처칠을 소개받았다. 두 사람의 결혼을 반대하는 랜돌프의 부모님 말버러 공작 부부에게 왕세자는 "자신은 미국의 사교계를 조금 알고 있는데 제니의 친정은 부끄러워할 만한 문제가 전혀 없다"고 말하며 중재에 나섰다고 한다. 이것도 두 사람의 결혼을 가능하게 한 요인이었다. 왕세자는 후에 어른이 된 윈스턴 처칠에게 "내가 없었으면 너는 태어나지 않았을 거야"라고 말했다고 한다. 1875년에 로드 랜돌프의 형과 왕세자의 친한 친구인 로드 아일스퍼드(Lord Aylesford)의 아내가 밀통을 저지른 사건을 둘러싸고 왕세자와 처칠 부부는 서로 절교하기도 했다. 그러나 5년 후에 왕세자와 제니는 다시 친하게 지내게 되었다(랜돌프와의 화해는 그로부터 4년이 더 걸렸다). 랜돌프가 1895년에 병사하자 왕세자는 샌드링엄에서 조의를 표하는 편지를 보냈다. 그 후 두 사람은 자주 만나게 되어 이듬해에 제니는 왕세자의 애인이 되었다(단 그사이에 제니는 그 외에도 동시진행형으로 몇 명의 남성들과 만남을 거듭하고 있었다). 1899년에 45세가 된 제니는 아들인 윈스턴과 동갑인 조지 콘월리스-웨스트(George Cornwallis-West)와 약혼하여 사교계를 놀라게 했다. 이미 다른 애인이 있었던 왕세자도 이 결혼에는 반대했다. 그러나 양가 가족의 반대를 무릅쓰고 두 사람은 결혼에 골인했다. 그럼에도 불구하고 제니와 왕세자의 우정은 변하지 않았다.

두 명의 콘수엘로

왕세자의 마음에 들었던 또 한 명의 '해적'은 제니가 로드 랜돌프 처칠과 결혼한 지 2년 후에 맨체스터 공작의 후계자와 결혼한 콘수엘로 이즈나가(Consuelo Yznaga)다. 콘수엘로는 1853년에 뉴욕에서 태어났다. 아버지는 쿠바의 유서 깊은 가문 출신으로 외교관이었는데 트리니다드에 농원과 제당공장을 소유하고 있었다. 아버지 쪽의 친척 중에는 스페인의 귀족도 있었으나 뉴욕에서는 애스터 부인이 주름잡고 있는 사교계에서 역시 따돌림을 당했다. 뉴욕 사교계에서는 콘수엘로가 미모만이 아니라 눈에 띄게 자유분방하다는 이유로 그녀를 받아들이지 않았던 것 같다(이디스 휘턴의 『해적들』에 등장하는 콘치타 크로슨은 콘수엘로를 모델로 한 인물이다). 그녀의 어머니는 콘수엘로를 포함한 4명의 딸들을 우선 파리로 데리고 간다. 그리고 귀국 후에는 뉴욕주의 온천지인 새러토가스프링스에서 맨체스터 공작의 장남인 맨더빌 자작(Viscount Mandeville)과 만나게 된다. 맨더빌 자작은 콘수엘로에게 마음을 빼앗겼고, 심지어 그녀의 아버지는 20만 파운드의 지참금을 주겠다는 약속까지 해서, 자작은 그녀에게 프러포즈를 한다. 두 사람은 뉴욕에서 결혼식을 올린 후 런던으로 거주지를 옮기는데 행복한 생활은 잠시뿐이었고, 방탕하기로 악명 높던 자작은 곧바로 원래의 타락한 생활로 돌아갔다. 마지막에는 뮤직홀의 가수이자 애인인 베시 벨우드(Bessie Bellwood)와 살기 시작하는데 그럼에도 불구하고 아내에게 돈을 빌리는 추태를 보였다.

홀로 남은 콘수엘로는 영국 사교계에서 살아남기 위해 먼저 왕세자에게 접근한다. 아라비안나이트의 셰에라자드처럼 콘수엘로는 항상 왕세자의 관심을 끌 수 있었다. 드 커시에 따르면 왕세자가 1888년 9월 26일에 콘수엘로에게 보낸 편지에 "아첨이 아니라 진심으로 말하는데 당신만큼 재미있는 편지를 쓰는 사람은 본 적이 없어요"라고 썼다고 한다(206쪽). 그러나 화려한 라이프스타일은 물론, 왕세자와의 관계를 유지하기 위해서는 돈이 필요했다. 콘수엘로는 미국에서 온 젊은 아가씨들을 상대로 의상, 예의범절 등에 대해 조언하고, 영국 사교계에 들어갈 수 있도록 왕세자가 출석한 디너 파티에 그녀들을 초대하여 소개한 후, 그 대가로 수수료와 선물을 받는 일을 시작했다. 왕세자의 마음에 들면 사교계에서는 틀림없이 성공할 수 있었다. 심지어 콘수엘로는 귀족과 그 아들들을 결혼 상대로 소개하는 알선업까지 병행했다.

한편 뉴욕에서는 변화가 일어나고 있었다. 콘수엘로의 어렸을 적 친구인 앨바 밴더빌트(Alva Vanderbilt)가 사교계에서 애스터 부인의 권력을 위협하고 있었던 것이다. 앨바는 앨라배마 출신으로, 프랑스에서 교육을 받고 미국으로 귀국한 후 '뉴 머니'인 윌리엄 밴더빌트(William Vanderbilt, 메트로폴리탄 가극장을 만든 밴더빌트의 아들)를 소개받아 그와 결혼한다. 애스터 부인에게 무시당하고 유럽으로 건너간 '해적들'과는 달리 앨바는 애스터 부인에게 맞선 것이다. 그러한 행동을 하는 데에는 그녀가 프랑스에서 교육을 받은 것이 도움이 되었다. '앨바 밴더빌트는 유럽 문명이라는 버팀목 이외에는 아무것도 없는 상태에서 뉴욕 사교계를 향해 공격을 가하기 시작한 것이다'(『영국 귀족과 결혼하는 것』 53쪽).

프랑스 루아르 지방의 샤토(château, 프랑스어로 귀족이나 왕의 저택, 성을 의미함-역주)를 모델로 한 대저택을 5번가에 세운 밴더빌트 부부는 1883년 봄에 하우스 워밍(house warming, 신혼집을 축하하기 위한 집들이)을 위한 파티를 기획했다. 그것은 가장(假裝) 파티로, 게다가 주빈은 부인의 어렸을 적 친구인 콘수엘로 이즈나가였다. 영국의 자작 부인이자 미래의 공작 부인과 만날 수 있다면 '올드 머니'도 무관심한 척할 수는 없었다. 1,600통의 초대장을 발송했는데 애스터 부인 앞으로 보낸 것은 없었다. "애스터 부인은 알지 못해서 초대할 수 없어요. 유감스럽게도요"라고 앨바가 말한 것이 애스터 부인에게 전해져 결국 그녀도 굴복했다. 일설에 의하면 애스터 부인의 딸이 파티에 가고 싶어 했기 때문이라고 하는데, 어찌 됐든 애스터 부인의 '방문 카드'가 밴더빌트가에 전달되었고, 그 직후에 파티 초대장이 애스터가에 도착했다고 한다.

이렇게 해서 뉴욕 사교계에 들어가는 데 성공한 앨바 밴더빌트는 자신의 친구 이름을 붙인 장녀 콘수엘로를 영국 공작과 결혼시킬 계획을 세웠고 결국 성공했다. 콘수엘로는 자서전『광채와 금』에서 "어머니의 나에 대한 사랑은 예술가의 창조력 같은 것이었어요. 어머니는 나를 완벽한 대좌(臺座)에 놓여 있는 완성품처럼 만들고 싶어 했어요"라고 이야기하고 있다(21쪽). 그녀는 어렸을 때부터 어머니가 고용한 우수한 가정교사들 덕택에 여덟 살이 됐을 때에는 이미 영어는 물론 프랑스어와 독일어를 읽고 쓸 수 있었다. 남동생과 함께 일주일에 한 번씩 댄스 교실에 다녔고, 서인도제도와 지중해를 요트로 항해했으며, 프랑스에도 체류한 적도 있었다.

콘수엘로의 사교계 데뷔는 파리에서 이루어졌다. '해적들'과는 달리 밴더빌트 부인과 그녀의 딸은 뉴욕의 사교계에서 도망친 것은 아니었으나 그 무렵 부인과 남편의 사이가 좋지 않아 이혼을 고려하고 있었다. 파리에서 콘수엘로는 다섯 명의 남성들에게 프러포즈를 받았다. 그녀는 자서전에 "내가 받았다기보다는 다섯 명의 남성이 프러포즈를 했다고 어머니에게 들었습니다"라고 적고 있다(29쪽). 어떤 구혼자도 만족하지 못했던 밴더빌트 부인은 프러포즈를 전부 거절하고 콘수엘로를 데리고 런던으로 간다. 그곳에서 콘수엘로는 나중에 남편이 될 말버러 공작을 소개받는다. 일단 어머니의 이혼 수속을 위해서 귀국했으나 그 후 다시 런던으로 돌아와 말버러 공작과 재회하고, 그에게 블렌하임 궁전으로 오라는 초대를 받는다.

그때 말버러가 저를 어떻게 생각하고 있었는지는 알 수 없어요. 단 공작 부인이 되고 싶어 하는 세련된 딸들과 저는 전혀 달랐던 것 같아요. 제가 말하는 것을 재미있어했는데 그것이 기지가 넘쳐서였는지, 아니면 순진해서였는지는 지금도 알 수 없습니다.

(『광채와 금』 38쪽)

여기에서도 '미국 아가씨'의 '순진무구한' 독특한 매력이 영국 귀족을 사로잡았던 것을 시사하고 있다. 단 콘수엘로의 고액의 지참금도 커다란 매력이었던 것은 분명하다. 블렌하임 궁전 정도의 저택과 토지를 유지할 책임을 이어받은 공작에게 자산가의 딸과 결혼하는 것은 '의무'였던 것이다.

이 무렵 콘수엘로는 여행 도중에 알게 된 남성과 사랑에 빠져 있었는데, 그녀의 어머니가 이를 허락할 리 없었다. 그녀는 1895년 11월에 뉴욕에서 공작과 결혼식을 올렸다. 블렌하임 궁전이 한창 보수공사 중이어서 잠시 지중해 지역을 여행한 후, 이듬해부터 궁전에서 결혼 생활을 시작한다. 당시 19세였던 콘수엘로는 남편에게서 약 200개나 되는 가족의 집안과 가계, 칭호를 외워야 한다는 소리를 듣고 공작 부인으로서의 생활을 시작한다. 디너의 자리 순서도 손님의 작위와 집안에 따라 결정되기 때문에 귀족명감을 외워야 한다. 자신이 어떤 지위에 있는지도 정확하게 알 필요가 있었다. 그녀는 자서전에 "나이가 많은 여성들이 먼저 지나가도록 다이닝룸 입구에서 기다리고 있는데, 짜증이 난 후작 부인이 '자기 차례인데 먼저 가지 않는 것은 새치기하는 것과 마찬가지로 품위가 없어요'라고 큰 소리로 나에게 주의를 주었다”고 적고 있다(88쪽). 그러나 콘수엘로는 공작 부인으로서 가장 중요한 임무를 어렵지 않게 해냈다. 바로 후계자를 낳는 것이다. 장남이 무사히 태어나고 또 한 명의 남자 아이를 낳자 시어머니는 “훌륭해! 미국 여자들은 우리보다도 쉽게 남자아이를 낳는군!”이라고 말했다고 한다(『광채와 금』 106쪽).

블렌하임 궁전에서는 왕세자와 외교관 등을 초대해서 화려한 하우스 파티를 열었고, 콘수엘로도 안주인 역할을 수행했다. 그러나 결혼 생활은 결코 행복하지 않았다. 1906년에 부부는 별거를 시작해서 1920년에 이혼한다. 공작은 애인이었던 미국 여성과 재혼하고, 콘수엘로는 프랑스인 비행사와 재혼하는데, 그녀에게 이 두 번째 결혼은 행복한 것이었다.

콘수엘로 밴더빌트는 영국 귀족과 결혼한 이른바 미국인 ‘제2 세대’ 중 한 명이다. 그녀가 결혼한 1895년은 미국의 사회학자 딕슨 웩터에 따르면 ‘경이로운 해(annus mirabilis)’로, 돈이 필요한 영국 귀족들이 이전보다도 더 많이 미국 자산가의 딸들과 결혼한 해라고 한다(『영국 귀족과 결혼하는 것』 118쪽). 이미 소개한 《다운튼 애비》의 그랜섬 백작 부인, 즉 코라의 모델이 된 메리 라이터가 레이디 커즌이 된 것도 이해라고 한다.

한 시대의 종언

그 후로부터 10년 정도, 이와 같은 '결혼 러시'가 지속되었는데 1910년에 에드워드 7세가 죽고 조지 5세의 시대가 되자 상황이 변하게 된다. 조지 5세는 궁정의 신하들 중에서 에드워드 7세의 신하였던 서 존 리스터-케이(Sir John Lister-Kaye)와 몬터규 엘리엇(Montague Eliot)을 제외시켰다.

> 두 사람 다 미국 자산가의 딸과 결혼했기 때문에 그 의미는 명확했다. 조지와 메리(아내)는 미국인을 좋아하지 않았다. 40년 동안 정점에 있던 인물에게 총애를 받았던 미국 여성들은 더 이상 궁정의 사랑을 받지 않게 되었다.
>
> (『영국 귀족과 결혼하는 것』 319쪽)

조지 5세는 아버지와는 완전히 다른 타입으로, 부부 모두 화려한 오락과 사교 모임을 싫어했다. 할머니인 빅토리아 여왕 부부처럼 성실하고 근엄했다. 에드워드 7세의 화려한 것을 좋아하고 사교적인 성격, 그리고 '미국을 좋아하는' 성향은 손자인 윈저 공작이 물려받았다.

'미국의 자본'은 영국 사교계에 신선함을 불러일으키고 많은 저택을 구해냈으나 그것을 얻지 못한 귀족들은 어떻게 자신들이 이어받

은 저택과 토지를 유지해갔을까? 다음 장에서는 컨트리 하우스를
존속시키기 위한 귀족들의 고뇌와 노력에 주목해보고자 한다.

제5장
스테이틀리 홈 관광

앞 장에서 다룬 미국 대부호의 딸 콘수엘로 밴더빌트가 제9대 말버러 공작과 결혼한 후 블렌하임 궁전이 보수공사 중이어서 잠시 지중해 지역을 여행한 사실은 그녀의 자서전인『광채와 금』에서도 확인할 수 있다. 이 '보수공사'는 '신부를 위해 집을 조금 개조한다'는 수준이 아니었다. 콘수엘로의 지참금을 사용해서 대대적인 보수와 재설비공사가 이루어지고 있었다. 그때까지 매각해야만 했던 그림과 태피스트리(다양한 색깔로 염색한 실을 이용해 그림을 짜 넣은 직물-역주), 가구 등을 대신할 물건들을 유럽에서 사들였고, 고명한 프랑스 조경사까지 고용했다. 이 결혼은 파탄에 이르렀지만 콘수엘로가 공작이 될 후계자의 어머니라는 점은 변하지 않았다.

제2차 세계대전 중에는 정부가 컨트리 하우스를 징발해서 수리와 보수가 어려웠고, 전쟁이 끝난 후에는 증세와 막대한 상속세 때문에 주인들은 몇 대에 걸쳐 이어온 저택과 토지를 내놓을 수밖에 없었다. 그런 와중에 콘수엘로는 '가족을 칭찬하면 빈축을 살지도 모르지만'이라고 서문을 시작하면서, 1934년에 상속을 받은 장남에 대해 "제 아들은 나라에서 감사의 뜻으로 선조에게 전달한 선물(블렌하임 궁전)을 잘 유지해 다음 대에 물려주기로 결심했습니다"라고 자랑스럽게 이야기하고 있다(『광채와 금』 250쪽). 그 구체적인 수단은 '관광'이었다.

블렌하임 궁전을 점거하고 있었던 부서(전쟁 중에는 군 정보부 제5과의 본부였다)가 원래 있던 장소로 돌아가자 아들은 궁전을 대대적인 규모로 관광객들에게 개방했습니다. 세금을 내고 이 정도로 큰 저택을 유지하기 위해서는 그 방법밖에 없었던 것입니다. 아들의 노력은 성공했습니다. 첫해에는 10만 명 이상의 관광객이 어른 한 사람당 2실링 6펜스라는 입장료를 지불하고 블렌하임 궁전을 방문했습니다. 이 기록은 경신되어 현재 유지되고 있습니다.

(상동, 250쪽)

19세기 말부터 귀족과 지주들은 영국의 공업화와 농업의 부진으로 토지에서 얻는 수익이 급감해 방대한 저택의 유지비 때문에 재정적으로 궁지에 몰려 있었다. 심지어 20세기가 되자 더욱 큰 타격을 입었다. 1908년에 허버트 헨리 애스퀴스가 총리가 되었는데 그는 영국 역사상 최초로 지주가 아닌 총리였다(참고로 여배우인 헬레나 보넘 카터는 그의 증손녀다). 그는 사회복지를 확충하기 위해 어퍼 클래스가 소유하고 있는 토지와 수입에 대해 이전까지는 없었던 고액의 세금을 부과하는 급진적인 정책을 추진했다. '인민예산(The People's Budget)'이라고 불린 이 예산은 당시 재무장관이었던 데이비드 로이드 조지가 제안한 것으로, 격렬한 논쟁 끝에 1910년에 성립되었다. 그 때문에 어퍼 클래스는 대대로 전해 내려오던 저택과 토지를 내놓거나 규모를 축소할 수밖에 없었다. 그러나 이에 대해 데이비드 로이드 조지는 전혀 신경 쓰지 않았다. 또한 역사 연구가인 피터 맨들러의 말을 빌리면 그는 '지주계급의 기생 생활, 그리고 그들이 현대에 전혀 도움이 되지 않는다고 하면서 몰아세웠다'는 것이다(『대저택의 몰락과 부활』 175쪽). 데이비드 로이드 조지는 1909년 7월에 4,000명이나 되는 청중을 앞에 두고 한 연설에서 '어퍼 클래스 전체를 태만하고 자기중심적이며 냉혹하다고 비난했고, 심지어 개인의 이름을 거론하며 표적으로 삼았다(상동, 175쪽).' 어퍼 클래스가 데이비드 로이드 조지를 눈엣가시처럼 여긴 것도 무리가 아니다. 《다운튼 애비》에서도 저녁 식사 자리에서 그랜섬 백작이 데이비드 로이드 조지의 이름을 언급하면서 어머니에게 "지금부터 식사를 할 테니 그 남자 이름은 입에 올리지 마세요"라며 경계하는 장면이 나온다. 당시에는 충분히 있을 수 있는 반응이었을 것이다.

스테이틀리 홈의 매력

원래 어퍼 클래스는 같은 계급의 사람이라면 가령 직접 모르는 사람이라도, 그리고 자신이 부재중에도 저택과 정원을 가정부와 집사에게 안내하도록 하는 관습을 가지고 있었다. 예를 들어 블렌하임 궁전은 워릭 백작(Earl of Warwick)의 저택인 워릭성(1978년에 투사우즈 그룹[Tus-sauds Group]이 인수하여 관광지가 되었다)과 함께 이미 『오만과 편견』에서 엘리자베스가 더비서 여행 도중에 둘러볼 '관광 루트'에 포함되어 있었다. 그러나 입장료를 받고 기념품 가게와 화장실을 정비한 본격적인 비즈니스로서 컨트리 하우스를 일반인에게 공개하기 시작한 것은 20세기 이후부터다. 제6대 배스 후작(6th Marquess of Bath)이 1949년에 롱리트 하우스(Longleat House)를 공개한 것이 최초라고 한다. 배스 후작은 토지와 저택 이외에도 서머싯의 체다에 종유동을 소유하고 있어서 이것을 1920년대부터 한 사람당 1실링의 입장료를 받고 공개했다. 배스 후작은 여기에서 힌트를 얻어 자신의 저택과 정원을 입장료를 받고 공개해야겠다고 생각하게 되었다. 다른 컨트리 하우스의 소유자들도 배스 후작의 예를 모방해서 자신들의 저택을 공개하기 시작했다.

1952년에 햄프셔에 있는 저택인 볼리우 팰러스 하우스(Beaulieu Palace House)를 관광객에게 공개한 제3대 몬터규 오브 볼리우 남작(3rd Baron Montagu of Beaulieu)은 그 경험을 『옥에 티 - 스테이틀리 홈(stately home)에 살면서 돈 버는 방법』(1967)이라는 제목의 수기로 발표했다. 이 수기 안에서 그는 배스 후작이 저택 공개에 착수했을 당시에는 영국에서 컨트리 하우스 관광이 이 정도로 성공할 줄은 아무도 몰랐다고 한다. 또한 그는 영국 관광객들이 어퍼 클래스의 생활을 엿보고 싶어한다는 점을 성공의 이유로 들고 있다.

영국 사람들은 아마 세계에서 가장 호기심이 많은 사람들일 것이다. 그들은 다른 사람을 보며 돌아다니는 것을 아주 좋아한다. 그 집이 어느 정도로 지적인, 혹은 학술적인 매력을 가지고 있는지에 대해서는 전혀 관심이 없다. 그것은 이미 습관이 되었다. 그들은 자신들과는 다른 종류의 사람들이 어떤 생활을 하는지 보러 오는 것이다. 그렇기 때문에 카날레토(Canaletto, 1697~1768, 본명은 조반니 안토니오 카날[Giovanni Antonio Canal]. 이탈리아의 화가이자 판화가로 고향인 베네치아의 명소 그림으로 유명하다-역주)와 렘브란트의 작품, 이니고 존스(Inigo Jones, 1573~1652, 영국의 건축가로 이탈리아에서 로마 및 르네상스 건축을 연구. 17세기 영국 건축의 기초를 확립하였다-역주)의 건축, 조원가(造園家) '케이퍼빌리티' 브라운(Capability Brown, 1716~1783, 본명은 랜슬럿 브라운[Lancelot Brown]. 'Capability'는 그의 별명이다. 영국의 조원가이자 건축가로, 영국 정원의 양식을 확립했다-역주)이 꾸민 정원보다도 집 안의 전화기나 '출입금지' 표시에 매력을 느끼는 것이다.

그들이 질문하는 것은 "엘리자베스 1세가 여기에서 쉬셨나요?"가 아니라 "어떻게 청소를 하나요?"라든지, "중앙난방을 설치했나요? 얼마 정도 드나요?"라는 것 등이다. 한 가족이 몇 대나 이곳에서 살았다는 점에 매우 감명을 받는 것이다.

(『옥에 티 - 스테이틀리 홈에 살면서 돈 버는 방법』 23쪽)

그리고 이것이야말로 영국에서 관광객들에게 공개된 컨트리 하우스의 매력인 것이다. 유럽의 궁전이나 성과는 달리 그곳은 지금도 사람이 살고 있는 '홈(home)'이다. 실제로 영국의 컨트리 하우스는 '스테이틀리(stately = 훌륭한, 장엄한, 당당한) 홈'이라고 불린다. 몬터규 오브 볼리우 남작의 저서도 제목은 『컨트리 하우스』가 아니라 『스테이틀리 홈』으로 되어 있고, 그 안에서도 남작은 '자택'을 일반에게 공개하고 있다는 점을 몇 번이나 강조하고 있다.

11. 워릭성. 이 땅에 처음으로 성을 지은 것은 11세기로 거슬러 올라간다.

12. 볼리우 팰러스 하우스. 원래 수도원이었던 건물이다.

이 '스테이틀리 홈'이라는 표현은 펠리시아 히먼스(Felicia Hemans, 1793~1835)라는 여성 시인이 1828년에 쓴 「잉글랜드의 가정」이라는 시의 제1연에서 사용한 것이다.

> 잉글랜드의 스테이틀리 홈
> 얼마나 아름다운가.
> 몇백 년이나 우뚝 솟아 있는 나무들과
> 저 광대한 토지 위에 서 있다.
> 초록빛 풀 위를 사슴들이 뛰어다니고
> 나무 사이를 빠져나간다.
> 그리고 그 옆에서 백조가 우아하게 앞으로 나아간다
> 웃으며 떠드는 작은 강 위를.

이어서 이 시는 미들 클래스와 노동자의 집에 대해 묘사한 후, 마지막에는 잉글랜드 전체의 집과 그곳에 사는 사람들을 찬양하면서 끝난다. 히먼스 부인은 19세기에는 매우 인기가 있었던 시인으로, 그녀의 작품은 특히 학교에서 아이들이 반드시 읽었을 정도였다. 내용은 감상적인 것과 애국심을 고취하는 것들이 많아서 현대에는 거의 읽히지 않는다. 이 시도 '스테이틀리 홈'이라는 표현을 처음으로 사용했기 때문에 겨우 알려진 정도다. 히먼스 부인은 귀족과 대지주의 호화롭고 광대한 저택과 정원을 '집(home)'이라고 부름으로써 이 컨트리 하우스가 미들 클래스와 노동자들이 사는 집과 마찬가지로 '가족'이 사는 집이라는 점을 강조했다. 비록 계급은 다르지만 잉글랜드의 모든 사람들이 안심하고 살아갈 수 있는 집이 있다는 것을 시로 읊은 것이다.

사실 이 시보다도 20세기에 이 시를 패러디해서 쓴 노래가 더 잘 알려져 있다. 이것은 작가, 작곡가, 배우, 극작가 등 광범위한 분야에서 재능을 발휘했던 노엘 카워드(Noel Coward, 1899~1973)가 1938년에 초연한 뮤지컬 《오페레트(Operette)》를 위해 쓴 것이다. 상당히 긴 노래로, 후렴구는 다음과 같다.

> 잉글랜드의 스테이틀리 홈
>
> 얼마나 아름다운가
>
> 이 나라의 어퍼 클래스가
>
> 지금도 건재하다는 것을 보여준다.
>
> 몇 번이나 보수공사가 이루어지고
>
> 저당잡혀 있어서
>
> 가치가 조금 떨어졌을지도 모르고
>
> 상속받을 장남에게는 옥에 티(원어로는 the gilt off the gingerbread[가치를 떨어뜨리는 것, 흥을 깨는 것]라는 의미. 몬터규 오브 볼리우 남작의 책 제목은 여기에서 가져온 것이다)
>
> 검약하고 절약해서 돈을 모은다.
>
> 이튼의 교정은
>
> 우리들을 용감하게 만들었다.
>
> 그러니까 반 다이크는 팔아버리고

그랜드 피아노를 전당포에 넣어도

우리들은 버리지 않는다

잉글랜드의 스테이틀리 홈을.

뮤지컬 자체는 그다지 평판이 좋지 않았으나 이 노래는 히트를 쳤다. '스테이틀리 홈'이라는 말을 노엘 카워드가 처음으로 사용했다고 생각하는 영국인들도 적지 않을 것이다. 그리고 이 '장엄한 홈(집)'이라는 언뜻 보기에 모순적인 표현이 관광지로서 영국의 컨트리 하우스가 성공한 이유를 드러내고 있다. 몬터규 오브 볼리우 남작은 처음으로 집을 공개했던 때를 다음과 같이 회상한다.

일반인들이 내뱉은 첫마디를 기억하고 있다. 공개한 첫날 우리들은 아래층 방에 있었는데 누군가가 창문을 통해서 엿보고 있는 것이 보였다. "어머나!"라고 그 여성은 말했다. "좀 와 봐. 차를 마시고 있어!"

(『옥에 티 - 스테이틀리 홈에 살면서 돈 버는 방법』 23쪽)

우번 애비(Woburn Abbey)를 공개하고 사파리 파크까지 오픈한 제13대 베드퍼드 공작(13th Duke of Bedford)도 수기와 회고록을 썼다. 『스테이틀리 홈의 운영기술』(1971)이라는 제목이 붙은 코믹한 에세이로, 역시 비슷한 경험에 대해 서술하고 있다.

스테이틀리 홈의 주인이 위대한 예술작품을 소유하고 있어도(또는 소유하고 있지 않아도) 많은 사람들이 보통의 집, 특히 자신의 집에 놓여 있는 흔하디흔한 물건에만 흥미를 보인다. 그들은 흥미진진한 얼굴로 나의 텔레비전을 바라보며 그것의 크기, 메이커, 컬러인지 흑백인지에 관심을 갖는다. 17세기에 만들어진 자수보다도 훨씬 재미있는 것이다. 명나라의 도자기에 눈을 돌릴지도 모르지만, 그들이 정말로 알고 싶은 것은 내가 어떤 종류의 비누를 쓰고, 커튼과 청소기를 어디에서 구입하는지 하는 점이다.

(50쪽)

'사람들이 살고 있기 때문에 가치가 있다'는 사고방식은 관광뿐만 아니라 어퍼 클래스의 저택 그 자체에 대한 평가에 항상 포함되어 있는 요소였다. 예를 들어 영국의 총리였던 보수당의 벤저민 디즈레일리(1804~1881)는 소설가이기도 했는데 그의 작품 『커닝스비』(1844)에는 이런 대목이 나온다.

커닝스비 저택과 보마누아르 저택은 그 안의 모습이 형용할 수 없을 정도로 대조적이었다. 항상 누군가가 거기에서 살고 있다는 분위기는 공작의 저택인 '보마누아르'를 눈에 띄게 했다. 커닝스비 저택에는 그러한 점이 완전히 결여되어 있었다. 저택 안의 모든 것이 분명히 장대하고 화려했다. 그러나 그것은 주거 공간이라고 하기보다는 구경거리 같았다.

(제4권 제9장)

영국의 어퍼 클래스 지주들은 소유하는 토지와 거기에 사는 사람들에게 책임감을 가지고, 일 년의 거의 대부분의 기간 동안 저택을 비우는 일은 없도록 하는 것이 미덕이었다. 원래 그들의 부와 권위를 과시하기 위한 대저택이기는 하나, 그곳에서 '사람이 살고 있다'는 분위기가 느껴지지 않으면 가짜처럼 인식되고 만다. 물론 20세기 이후의 컨트리 하우스 관광에는 '어퍼 클래스의 생활을 엿보고 싶다'는 관음적인 요소가 있는 것도 분명하지만 '소유주가 살고 있기 때문에 가치가 있다'는 어퍼 클래스에 대한 기대도 틀림없이 존재하는 것이다.

컨트리 하우스의 일반 공개

어퍼 클래스의 사람들은 소유하고 있는 컨트리 하우스의 일반 공개에 나섰다. 배스 후작, 몬터규 오브 볼리우 남작, 베드퍼드 공작은 그에 만족하지 않고 좀 더 적극적으로 관광객을 유치할 수 있는 매력적인 요소들을 가미했다. 롱리트 하우스를 공개한 배스 공작은 개장일에 스스로 현관 밖에 있는 계단에 서서 관광객들을 맞이했다. 입장료를 지불하면 그들은 후작 부인이 그린 배스 후작 가문의 가계도와 사진이 들어가 있는 가이드북을 받고 가이드의 이야기를 들으면서 집안의 초상화와 물건들을 둘러보았다. 몬터규 오브 볼리우 남작의 『옥에 티—스테이틀리 홈에 살면서 돈 버는 방법』에는 볼리우 남작과 배스 후작의 대담이 수록되어 있는데 그 안에서 배스 후작은 다음과 같이 회상하고 있다.

> 우리들이 처음으로 개장했을 때 우리 스스로가 여러 가지 결단을 내려야만 했어요. 달리 상담할 사람이 없었기 때문이죠. 그래서 가이드를 고용하기로 결정했어요. 마을의 부인회와 영국재향군인회 등 그런 사람들은 가족에 대한 재미있는 일화를 듣고 싶어 하지 않을까 하고 말이에요. 솔직히 말해서 그들은 렘브란트와 반 다이크의 그림에는 그다지 흥미가 없다고 생각해요. 그렇지만 예를 들어 제1대 배스 후작이 방문객을 싫어해서 집 안의 어디에 숨어 있었는지 등의 이야기는 즐거워해요. 그래서 가이드를 고용하기로 결정했지요.
>
> (『옥에 티 - 스테이틀리 홈에 살면서 돈 버는 방법』 88쪽)

배스 후작의 이 말은 관광객들을 마치 깔보는 것처럼 들릴지도 모른다. 그러나 이 이야기를 한 후 그는 대수롭지 않게 "저도 그다지 그림에 관심이 없어요. 소유하는 것은 좋아하지만"(상동 88쪽)이라고 덧붙이고 있다.

자신에게는 미술을 감상하는 능력이 없다고, 언뜻 보면 겸손해하는 듯한 이 말에서도 사실은 어퍼 클래스의 속물적인 면이 드러나고 있다. 20세기 영국의 어퍼 클래스는 전통적으로, 자신들을 굳이 '지적(intellectual)이지 않다'고 공언하고 싶어 한다. 특히 유럽의 미술과 음악이라는 '교양'과는 인연이 없다는 자세를 관철하고 싶어 하는 그들의 모습은 소설과 연극에서 자주 묘사되고 있다. 예를 들어 『피터 팬』의 작자로 유명한 제임스 매슈 배리는 『훌륭한 크라이턴』(1902)이라는 희곡을 썼다. 롬 백작과 그의 우수한 집사인 크라이턴 사이의 미묘한 권력 관계를 다룬 희곡이다. 배우의 동작 등에 대해 지시하고 있는 제1막의 긴 문장에서는 다음과 같은 서술이 보인다.

> 유명한 몇 가지 그림들이 벽을 장식하고 있다. 그것은 "꽤 괜찮지 않아?"라고 말해도 상관없는 종류의 것들이다. 지식이 너무 많으면 아래 계급 사람처럼 보일 우려가 있는데 그 그림들은 그럴 우려가 없는 것들이었다. 훌륭한 세밀화가 케이스 속에 진열되어 있었는데 롬 가문의 딸들은 그림 속의 인물이 누군지 알지 못한다. "어딘가에 카탈로그가 있을 거예요."
>
> (『훌륭한 크라이턴』 제1막)

이것은 롬 백작의 런던 저택에 대한 묘사로, 미술품에 대해 너무 많이 아는 척을 하는 것은 어퍼 클래스라고 할 수 없다. 여기에서는 자신의 집안에 대대로 전해지는 미술품과 고가의 물품들에 관해서는 무관심해야 한다는 어퍼 클래스의 태도를 비꼬고 있다. 그들의 저택은 '미술관'이 아니라 '집'이라는 것이 이런 식으로 강조되는 것이다.

명물을 곁들인 스테이틀리 홈

'스테이틀리 홈'만으로는 관광객을 만족시킬 수 없을 것이라고 생각한 소유자들은 더욱더 많은 신경을 썼다. 배스 후작은 가이드가 있는 투어와 가이드북 이외에 1966년에는 사파리 파크도 오픈했다. 그 덕택에 관광객 수가 급증했다고 한다. "사자를 보러 오는 사람들은 저택을 지나야 해요. 그러는 김에 저택도 구경하는 거죠. 적어도 대부분의 사람들은 그래요"(『옥에 티 - 스테이틀리 홈에 살면서 돈 버는 방법』, 85쪽). 오픈했을 당시 사파리 파크의 입장료와 저택의 입장료는 별도였고, 심지어 사파리 파크의 경우에는 저택 입장료의 다섯 배나 되었다. 그렇지만 아프리카가 아닌 곳에서 처음으로 드라이브 스루(drive through) 방식으로 사파리 파크를 볼 수 있다는 점에서 많은 관광객들이 매료되었다.

몬터규 오브 볼리우 남작도 이에 지지 않았다. 1952년에 볼리우 팰러스 하우스를 공개했을 때 그는 개장 전에 신문기자들을 저택으로 초대해 가구 옮기는 것을 돕거나 무릎을 꿇고 바닥을 닦는 자신의 모습을 사진으로 찍게 했다. 게다가 프레스용 회견에서는 처음으로 자신이 가지고 있는 명물을 공개했다. 그것은 몬터규 오브 볼리우 남작이 자랑스럽게 여기는 자동차 컬렉션을 수납한 자동차박물관이었다.

> 개막 후에는 온 나라에서 편지가 왔다. 모두들 특히 자동차 박물관에 흥미가 있는 것 같았다. 전시물을 제공하겠다는 제안도 있었다. 박물관에 관한 관심은 경이적인 페이스로 높아져갔다. 부활절에만 주말에 7,000명이나 되는 관광객들이 찾아왔다. 지금 보면 대단한 숫자는 아니지만 당시에는 입이 쩍 벌어질 만한 숫자였다.

(상동, 47쪽)

그리고 3년 후에는 제13대 베드퍼드 공작이 '스테이틀리 홈 관광'에 참여한다. 그는 1953년에 작위를 계승했는데 막대한 상속세 외에 미납인 채로 남아 있었던 아버지의 상속세도 내야 할 판이었다. 그래서 많은 토지를 팔았으나 우번 애비만큼은 남에게 넘기지 않겠다고 결심했다. 아버지가 내동댕이쳐서 폐허가 된 저택을 당시의 아내인 리디아가 여러 명의 고용인들과 함께 새로 장식하고 수리했다. 1959년에 출판된 회고록에서는 반 다이크와 카날레토의 작품 컬렉션을 소유하고 있었지만, 좀 더 많은 관광객을 유치하기 위해 소유주가 오랫동안 그곳에 살고 있는 듯한 분위기를 연출했다고 기록하고 있다.

드디어 수리가 끝나서 일반인들에게 저택을 공개했다. 베드퍼

공작 자신이 돌아다니면서 관광객을 맞이하고 사인을 해달라는 사람들에게는 사인도 해줬다.

약간 부끄러운 일이기는 하지만 곧바로 알아차린 것은 저택의 주요 명물 중 하나는 바로 나 자신이라는 사실이었다. 나와 이야기하고 싶어 하는 사람들이 많았고, 나도 태생적으로 수다 떠는 것을 좋아했기 때문에 정말이지 잘 맞았다. 오후에 저택을 돌아다니면서 평화롭게 사람들과 대화하는 것이 일과가 되었다. 그사이에 저택 안이나 밖에 있는 기념품 가게에서 3시간 정도 시간을 보내면서 사인을 하거나 가이드북을 팔았다. 이상하게도 내가 있으면 매상이 30~50%가 늘어났다. 모두 나와 악수하고 싶어 했고 어머니, 아버지 그리고 아이들과 함께 사진을 찍어달라고 부탁했다. 이런 일을 시작하기 전에는 사람의 얼굴에 미소를 짓기 위한 특별한 근육이 있으리라고는 꿈에도 생각지 못했다. 하루 일과가 끝나면 내 얼굴 근육은 너무 아파서 한 번만이라도 더 미소를 짓는다면 정신이 이상해지지 않을까 하고 생각될 정도였다.

『은도금의 스푼』 195쪽)

영국의 공작이 자신의 저택과 토지를 지키기 위해서 이렇게까지 하나 하는, 정말이지 눈물겨운 이야기라고 생각할지 모르지만 적어도 베드퍼드 공작은 이런 것을 힘들어하는 성격은 아니었던 듯하다. 자신이 가장 인기 있는 명물이라는 점을 깨달았을 때, 처음에는 놀랐는지 어쨌는지 알 수 없지만 그는 곧장 그것을 이용한 비즈니스를 전개해나갔다. 텔레비전에 출연해 미국인 관광객을 상대로 '공작과의 디너'라는 기획을 만들고, 심지어 저택을 나체주의자들의 집회장으로 제공하기도 했다. 공작은 할아버지, 아버지와 사이가 좋지 않아서 제대로 된 교육을 받지 못한 채 열아홉 살 때 적은 용돈과 생활비만 받고 사회로 나오게 되었다. 저널리스트 등 몇 가지 일을 해봤지만 성공하지 못했다. 그는 회고록에서 "나는 신사로서 받아야 할 교육을 받지 못했기 때문에 신사가 가지고 있는 한계로부터 자유로웠다"고 말한다. 이러한 그의 성장 배경 때문에 오히려 공작은 대담하게 발상하고 행동할 수 있었던 것이다. 앞에서 언급했듯이, 베드퍼드 공작도 1971년에 저택 부지에 사파리 파크를 오픈했다.

배스 후작, 몬터규 오브 볼리우 남작, 베드퍼드 공작은 이와 같이 '스테이틀리 홈 관광'의 선구자로서 관광객 숫자를 놓고 서로 경쟁을 벌였다. 베드퍼드 공작과 마찬가지로 다른 두 사람도 적극적으로 텔레비전과 라디오에 출연했고, 몬터규 오브 볼리우 남작은 부지 안에서 재즈 페스티벌을 개최했다. 역사 연구가 에이드리언 티니스우드의 『예의 바른 관광객 - 컨트리 하우스 방문의 400년』에 따르면 BBC의 '투나잇'이라는 프로그램에서 베드퍼드 공작과 몬터규 오브 볼리우 남작이 노엘 카워드의 '잉글랜드의 스테이틀리 홈'을 듀엣으로 부르거나 반다나와 카우보이 모자를 쓴 배스 공작이 저택

을 배경으로 사자를 목줄에 묶어 사진을 찍거나 하는 PR 활동이 화
제가 되었다고 한다.

때로는 못된 장난처럼 보이기도 했던 이 세 명의 행동을 다른 귀
족과 지주들은 좋지 않은 시선으로 바라보기도 했다. 예를 들어 부
지와 저택의 일부를 관광객들에게 공개하더라도 새로운 '명물'을 마
련하지 않는 것을 자랑스럽게 여기는 스테이틀리 홈들도 많다. 그
러나 그와 같은 저택에서도 대부분의 경우 기념품 가게와 카페, 레
스토랑 등은 완비하고 있다.

내셔널 트러스트라는 수단

다른 수단으로, 내셔널 트러스트에 저택과 토지의 관리를 부탁하
는 소유자들도 많았다. 내셔널 트러스트란 1895년에 사회개혁자인
옥티비아 힐(Octavia Hill), 사무변호사인 로버트 헌터(Robert Hunter), 그리고
목사인 하드윅 론슬리(Hardwicke Rawnsley)가 결성한 민간단체다. 이 단
체는 부수거나 매각될 위험에 있는 컨트리 하우스의 관리를 맡아서
소유주와 그 가족들이 그대로 살 수 있도록 했다. 그 대신에 소유주
는 저택과 정원의 일부를 일반에게 공개하고, 또한 저택의 재설비
와 보수에 관해서도 허가를 받아야만 했다.

내셔널 트러스트는 컨트리 하우스 외에도 호수지방 같은 풍경이
아름다운 곳들이 관광산업으로 말미암아 훼손되지 않도록, 이들 토

지를 사들여 보존하고 있다. 그들의 목적은 역사적, 미술적으로 가치가 있는 건축물과 토지를 보호하는 것으로 관광객을 유치하는 것이 아니다. 그리고 내셔널 트러스트는 기본적으로 역사적 건축물을 소유자에게 양도받지만 소유자는 관리와 유지가 어려워진 저택을 그들에게 그대로 양도하는 것이 아니라 유지비로 사용할 자본금을 제공해야 한다. 그럼에도 불구하고 상속세를 지불하지 못한 소유자들이 이 수단을 선택하는 경우가 많았다. 베드퍼드 공작도 방대한 상속세와 마주한 후, 저택을 내셔널 트러스트에 양도하는 편이 좋다는 제안을 받고 고민했다는 사실을 회고록에서 언급하고 있다.

그렇게 하면 상속세 문제는 해결될지 모르지만 저택은 완전히 우리의 손에서 떠나게 된다. 이쪽에서 볼 때 매우 좋은 조건을 확보할 수 있다고 하더라도, 나와 아들과 손자는 자신의 집 주인에서 임대인이라는 지위로 전락해버리는 것이다.

(상동, 205쪽)

베드퍼드 공작이 그것을 싫어한 이유는 단순히 소유물을 잃게 되는 것에 대한 저항감 때문만은 아니었다.

일단 그렇게 되면 우리들의 뿌리는 사라져버린다. 그리고 역사와 전통의 관점에서 볼 때 우번 애비와 같은 장소에 뭔가 의미가 있다고 한다면, 그것은 이곳을 일궈낸 가족이 그 장소와

유대관계를 유지하고 있다는 점이다.

(상동, 205쪽)

이와 같은 기술에는 베드퍼드 공작의 '홈'으로서의 저택에 대한 애정이 그대로 드러나 있다. 설사 다른 귀족들에게 비판을 받더라도, 그리고 약간의 위엄을 잃더라도, 무슨 수단을 써서라도 '홈'을 지키려는 집념이 '스테이틀리 홈 산업'의 배경에 존재하는 것이다.

엔터테인먼트 업계와 스테이틀리 홈

최근 몇 년 동안 스테이틀리 홈은 영화와 텔레비전의 촬영지, 기업의 연수회장, 결혼 피로연을 비롯한 각종 파티를 위한 장소로 사용되어 거기에서 수입을 얻고 있다. 예를 들어 버크셔에 있는 하이클리어성(Highclere Castle)은 드라마 촬영지로 사용되어 남의 손에 넘어가지 않고 살아남을 수 있었다. 하이클리어성은 한때는 이집트와 관련된 전시를 하는 곳으로 알려져 있었다. 소유자인 제5대 카나번 백작(5th Earl of Carnarvon)은 이집트 애호가로, 1922년에 왕가의 계곡(왕릉의 계곡이라고도 한다. 이집트 나일강 중류 룩소르의 서쪽 교외에 있는 이집트 신왕국 시대의 왕릉이 모여 있는 좁고 긴 골짜기를 가리킨다. 1922년에 발굴된 투탕카멘을 제외하고는 모두 도굴되었다-역주)에서 '투탕카멘의 묘'를 발굴하는 데 성공한다. 그곳에서 발견한 유물들을 가져와서 컬렉션으로 공개했다. 그러나 이듬해 4월에 백작은 벌레에 물린 것이

원인이 되어 카이로에서 객사했다. 그 후에도 발굴에 관여한 관계자들이 잇따라 사망한 탓에 '파라오의 저주'라는 소문이 돌았다. 상속세를 지불하기 위해 대부분의 이집트 컬렉션이 뉴욕 메트로폴리탄 박물관에 매각되었다. 그러나 1987년에 그중 일부가 저택의 수납장에 보관되어 있는 것이 발견되어 현재는 고용인의 식당과 식기를 세척하는 곳이었던 장소에 전시되어 있다.

그러나 현재 소유주인 제8대 카나번 백작이 상속받았을 때는 저택의 대대적인 수리가 필요한 상태였다. 신문에서는 누수가 심해적어도 50개나 되는 방을 사용할 수 없는 상태라고 보도했다. 막대한 수리비를 마련하기 위한 방안이 없어 위기에 처해 있을 때, 백작의 친구이자 《다운튼 애비》의 제작자 겸 각본가인 줄리언 펠로우스가 저택을 드라마 촬영 장소로 사용하고 싶다는 뜻을 전했다. 드라마는 대히트를 쳐서 지금은 하루에 1,000명이 넘는 관광객들이 방문하고 있다고 한다. 펠로우스가 다른 곳을 촬영 장소로 사용했다면 지금쯤 이 저택은 어떻게 되었을지 알 수 없다.

이와 같이 작위, 저택, 부지를 전부 상속받는 장남도 편한 것은 아니지만, 제2장에서 다뤘듯이 상속권이 없는 차남 이하의 자녀들에게는 또 다른 어려움이 있었다. 물론 영국의 귀족과 대지주들이 동정의 대상이 될 것이라고는 생각되지 않지만, 그들을 전혀 고생을 모르는 부자들의 집단이라고도 할 수 없다. 게다가 지금도 그들의 대부분은 어렸을 때부터 후계자, 또는 후계자의 '예비'로서 부모님과 떨어져 기숙학교에 들어간다. 이튼 칼리지, 해로 스쿨 등 유명한 퍼블릭 스쿨의 학생이 되는데, 이러한 곳들도 결코 '도련님들이 편하게 자라는' 사치스러운 학교들이 아니다. 다음 장에서는 이들의 교육에 대해 살펴보도록 하겠다.

제6장
어퍼 클래스의 교육

그랜드 투어

영국의 어퍼 클래스 교육에 대해 역사학자 L. W. B. 브로클리스는 자신의 저서 『옥스퍼드대학의 역사』(2016)에서 다음과 같이 기술하고 있다.

> 중세 말경에는 '상류'라는 콘셉트는 용맹스러움과 기사도적인 행위와 관련이 있는 것이라고 생각했다. 따라서 형식적인 교육과는 거의 관계가 없는 것으로 여겨졌다.
>
> (161쪽)

그러나 16세기 초에는 진정한 '고귀함'이란 고전과 성서를 읽음으로써 얻을 수 있는 세련됨, 박애정신에서 탄생하는 것이라는 사상이 유럽에서 영국으로 유입되었다. 신사란 라틴어와 그리스어로 고전을 읽을 수 있어야 한다는 것이다. 유럽 대륙과 비교해볼 때 영국은 예술, 학문 등의 문화적인 측면에서는 아무래도 '주변'이었기 때문에 사람들이 '편협'해지기 쉬웠다. 예를 들어 시인이자 문필가인 헨리 피첨(1578~1644년경)은 그의 저서 『완벽한 신사』(1634) 서문에서 제대로 된 교육을 받지 못한 영국인에 관한 에피소드를 소개하고 있다. 피첨의 지인 중에 '위대한 군인이자 매우 우수한 학자이기도 한' 프랑스인 귀족이 있었다. 그 귀족에게 '영국의 어떤 젊은 신사'가 찾아왔다. 현재 여행 중으로 돈이 약간 부족한데 그 귀족의 집에서 뭔가 일을 하게 해줄 수 있겠느냐는 것이었다. 어떤 것을 할 수 있냐고 묻자 그 젊은이는 자신은 신사라는 말만 되풀이했다. 어이가 없던 프랑스 귀족은 피첨에게 이렇게 말했다.

이것이 당신 나라 상류사회의 교육 방식입니다. 외국에서 궁지에 몰렸을 때, 혹은 돈이 없을 때 도움이 될 만한 교양을 전혀 배우지 않고 라틴어조차 제대로 하지 못합니다.

피첨은 영국 어퍼 클래스의 자제들이 처한 이 한심한 상황을 아들의 교육에 신경 쓰지 않는 부모, 그리고 능력이 없는 교사들의 책임이라고 지적한다. 『완벽한 신사』에서도 '교사의 의무', '부모의 의무'라는 제목이 붙은 챕터에서 그들을 비난하고 있다. 영국 신사가 갖추어야 할 교양으로 피첨은 역사, 기하학, 시, 음악, 미술이라는 항목을 들고 있는데 그중에서도 가장 중요한 것은 문장학(紋章學)으로, 그는 이것에 대해서 책의 많은 양을 할애하고 있다. 이 시대에 문장학은 신사의 교육에서 빼놓을 수 없는 것이었다. 영국에서는 계급 간 이동이 유럽의 다른 나라와 비교했을 때 비교적 용이하다. 특히 상업으로 부를 축적한 사람이 어퍼 클래스로 진입하는 경우가 드물지 않았던 것은 영국의 특징이라고 할 수 있다. 이들 신참자들을 알아보는 데도 문장학이 도움이 되었다. 피첨의 저서가 가진 목적은 어퍼 클래스의 자식들이 교양을 익히기 위해 유럽 대륙으로 향하기 전에, 우선 영국 국내에서 제대로 된 교육을 받을 수 있는 환경을 만들도록 하는 것이었다. 그들은 국내에서 먼저 고대 그리스와 라틴의 고전, 문장학, 그리고 이탈리아와 프랑스의 역사와 사상을 공부한다. 그 후에 그 서적들이 창작된 지역을 여행함으로써 그들은 자신이 읽은 것을 깊이 이해하게 되고, 더욱 친숙하게 느끼게 된다. 그러한 의미에서도 유럽 여행은 중요했다. 이와 같은 이른바 '교육의 완성'을 위한 유럽 여행을 '그랜드 투어'라고 부른다. 이 표현을 최초로 사용한 것은 가톨릭 신부인 리처드 라셀(Richard Lassels, 1603년경~1668)이다. 라셀은 영국의 귀족 자제를 가르치는 가정교사로서 이탈리아를 몇 번이나 여행했고, 그 경험을 바탕으로 여행일기인 『이탈리아 여행』(1670)을 집필했다. 그 서문 속에서 라셀은 이와 같은 여행이 귀족 젊은이들에게 의미가 있다고 주장한다.

> 여행은 귀족 젊은이들이 부모에게 지나치게 의존하는 것을 막고, 어머니에게 지나치게 애정을 느낄 위험성을 방지한다. 젊은이에게 건전한 고행을 가르치는 것이다. 불편한 마루에서 쉬고, 처음 만난 사람들과 이야기하고, 동트기 전부터 여행을 시작해서 날이 저문 후에도 여행을 계속한다. 어떤 말이나 기후에도 참고, 어떤 음식과 음료에도 견디는 법을 가르친다.

'어머니에게 지나치게 애정을 느낄 위험성'이라는 개념이 흥미롭다. 아들은 어렸을 때부터 집 밖으로 내보내 고생을 시켜야 한다는 생각은 영국뿐만 아니라 유럽의 귀족과 어퍼 클래스에서도 자주 볼 수 있는 것이다. 이것을 영국에서는 어렸을 때부터 기숙학교로 보내는 '퍼블릭 스쿨' 제도에서도 확인할 수 있다. 그러나 라셀이 제시한 이유는 다음과 같이 더욱 '영국적'인 것이다.

> 여행을 함으로써 귀족 젊은이들은 지나친 자신감과 프라이드를 네 단계 정도 낮출 수 있다. 왜냐하면 시골 영주의 아들로서 아버지의 토지에서 사는 사람들과 교구 목사만 만나고, 존 스토(John Stow, 1524/25~1605, 영국의 역사에 대해 서술했다)와 존 스피드(John Speed, 1551/52~1629, 영국의 지도를 작성했다)의 저서 이외에는 읽은 책이 없는 젊은이들은 영지의 끝이 세상의 끝이라고 생각하기 때문이다. (중략) 한편 여행을 하는 젊은 귀족들은 위대한 인간과 광대한 영지를 많이 보기 때문에 귀국했을 때에는 훨씬 겸손해져서 자기보다도 지위가 낮은 사람에게 예의 바르게 행동하고, 자신이 훌륭하다는 공허한 자신감에 부풀어오르는 일이 없다.

나아가 라셀은 '그랜드 투어'를 통해 젊은 귀족들이 자신의 나라에 '태양과 같은 은혜'를 가져올 것이라고 말한다.

> 오랜 시간 여행을 한 젊은 귀족들은 훌륭한 생각을 받아들여 스스로 이해력을 높인 후 찬란한 태양처럼 고향으로 돌아온다. 그리고 자국의 하늘인 의회 의사당에서 밝게 빛날 뿐만 아니라 그 지성의 강력한 영향력을 가지고 지위가 낮은 사람들에게도

은혜가 미치도록 한다.

'그랜드 투어'는 귀족과 어퍼 클래스 자제들을 위한 '교양 여행'이자 어퍼 클래스의 일원으로서 나라를 위해 진력하고, 자기보다 지위가 낮은 사람들에 대한 책임을 다하는 '노블레스 오블리주'라는 측면에서도 교육적으로 중요한 의미를 갖는 것이었다.

이처럼 이 책이 발간된 17세기 후반에는 '그랜드 투어'라고 불리는 유럽 여행이 어퍼 클래스 자제들을 위한 '교육의 완성'으로 간주되었다. 하지만 영국의 젊은이들이 그 이전에는 교육을 위한 여행을 전혀 하지 않았는가 하면 그렇지는 않다. 엘리자베스 왕조시대, 즉 16세기부터 어퍼 클래스의 자제들은 유럽을 여행하며 견문을 넓히고 그 성과를 자국에 공헌하도록 기대를 모으고 있었다. 외국의 궁정에 파견할 수 있는 신하를 육성하기 위해 엘리자베스 여왕이 스스로 여비를 지급하는 일도 있었고, 옥스퍼드대학과 케임브리지대학의 칼리지가 유학 비용을 부담하는 일도 있었다. 단 그 숫자는 결코 많지 않았다. 해적과 강도가 출몰하는 열악한 치안 상태, 가톨릭 국가에서 이루어지는 종교적 박해, 정비되지 않은 길, 조잡하고 불결한 숙소 등으로 당시의 해외 여행은 위험과 고통을 수반하는 것이었다. 17세기 후반 이후가 되어서야 어퍼 클래스 자제들이 이와 같은 가혹한 여행을 떠나는 것이 관습으로 정착된 것이다.

'그랜드 투어'라는 관습

이 관습에 대해서는 당연히 찬반 양론의 입장에서 토론이 이루어졌다. 예를 들어 1764년에는 성직자이자 작가인 리처드 허드(Richard Hurd, 1720~1808)가 철학자인 제3대 섀프츠베리 백작(Earl of Shaftesbury, 1671~1773)과 존 로크(1632~1704) 사이에서 가공으로 이루어진 『외국 여행의 효용성에 대한 대화』를 출판했다. 이 대화에서 섀프츠베리 백작은 그랜드 투어라는 관습을 지지하고, 로크는 반대하는 입장을 취하고 있다. 섀프츠베리 백작은 영국의 '젊은 신사'는 외국의 경치를 보고 외국인과의 대화를 통해 자신감을 얻고, 귀국 후에도 사교계에서 우아하고 품위 있게 행동할 수 있다고 주장한다. 그는 그것만으로도 그랜드 투어를 할 가치는 충분다고 말한다. 이에 반해 로크는 두뇌의 움직임이 활발해서 기억력이 좋은 젊은 시절에야말로 학문에 정진해야 할 때로, 외국을 여행하면서 그것을 하는 것은 어렵다고 반론한다. 당시에는 '고전과 예술, 과학에 대한 제대로 된 지식이 없는 상태로 프랑스와 이탈리아에 가서 유적지를 방문하고 예술품을 봐도 별 효과를 기대할 수 없다. 오히려 나쁜 놀이와 습관을 배우거나 무엇보다도 교회와 사원의 아름다움에 매료되어 가톨릭 교도가 될 수 있다'라는 식의 우려 섞인 목소리도 자주 들리고 있었다.

그랜드 투어에 대해 반대하는 것도 무리는 아니었다. 여행에서 느끼는 해방감 때문에 마치 바로 이때라는 듯이 방탕한 생활에 빠져 성병에 걸려 귀국하는 젊은이들도 적지 않았기 때문이다. 예를 들어 저명한 문필가인 새뮤얼 존슨(Samuel Johnson, 1709~1784)의 전기를 쓴 것으로 유명한 제임스 보즈웰(James Boswell, 1740~1795)은 그랜드 투어를 할 때 여러 여성들과 즐긴 것으로 알려져 있다. 보즈웰의 아버지는 스코틀랜드의 지주이자 판사로, 유서 있는 가문 출신이었다. 아들도 법률가가 되기를 기대하고 있었는데, 제임스는 아버지에게 반항하여 20세 때 집을 뛰쳐나와 런던으로 갔다. 그는 그곳에서 방탕한 생활을 하다가 우연히 새뮤얼 존슨을 만나 깊은 감명을 받은 후 마음을 고쳐먹기로 결심했다. 처음에는 런던에서 근위보병연대의 장교가 되기를 원했으나 이것이 이루어지지 않자 결국 아버지의 기대대로 법률가가 되기로 결심한다. 그리고 먼저 네덜란드의 위트레흐트에 가서 민법을 배우고, 그 길로 파리와 독일을 돌며 법정을 견학할 계획을 세웠다. 보즈웰은 위트레흐트에서 젊고 아름다운 미망인과 사랑에 빠지기도 하고, 네덜란드 귀족의 딸에게 마음을 빼앗기기도 하지만 기본적으로는 공부에 매진하여 여성과의 정사에 몰두하는 일은 없었다. 그 후 독일에서 스위스로 들어가 장 자크 루소, 볼테르를 방문했다. 보즈웰의 그랜드 투어 회고록 편집자인 프랭크 브래디와 프레드릭 A. 포틀에 따르면 보즈웰은 특히 루소에게 많은 영향을 받아서 유럽에서 지성과 교양을 익힌 후 스코틀랜드로 돌아가기로 결심했다고 한다. 그러나 그 후 아버지에게 여행을 연장해도 좋다는 허가를 받고 알프스를 넘어 이탈리아로 들어갔을 때 그 결심은 무너지기 시작한다. 루소에게 보낸 1765년 10월 3일 자 편지에서 보즈웰은 다음과 같이 이야기하고 있다.

> 저는 매우 엄격한 도덕적 마음가짐으로 알프스를 넘었습니다. 저는 당신의 신성한 은둔처에서 당신에게 고백한 자신의 죄를 참회해야 하는 참회자라고 생각했습니다. (중략) 그러나 토리노의 부인들은 너무나 아름다워서, 저는 이탈리아에서 한 번이라도 정사를 체험해본다면 세상을 좀 더 잘 알게 되어 부끄러움을 모르는 여성들을 경멸할 수 있을 것이라고 생각했습니다.

『보즈웰의 그랜드 투어 - 이탈리아, 코르시카와 프랑스 1765~1766』 3~4쪽)

그러나 결국 토리노의 부인들을 매료시킬 수 없었던 보즈웰은 그를 동정한 프랑스인 사관에게 '그럴 마음이 있는' 여성들, 즉 돈을 지불하면 상대해줄 여성들을 소개받는다. 이렇게 해서 이탈리아 여행에서는 주로 그런 종류의 여성들과 관계를 갖는 것으로 시간을 보낸다. 1765년 2월 20일 자 일기에는 '매일 여성을'이라고 적혀 있고, 여행 지출 기록에도 그때그때 지불한 가격이 적혀 있다.

스코틀랜드로 돌아와 오로지 성실하게 법률 공부를 할 각오였던 보즈웰이 이탈리아에서 보낸 방탕한 생활은 도가 지나쳤다고 할 수 있으나, 여행을 떠난 해방감이 성적인 면으로 분출된 여행자들은 적지 않았다.

유럽 대륙을 여행하는 영국인 여행자들에게는 항상 따라다니는 몇 가지 이미지가 있다. 그것은 예나 지금이나 별로 다르지 않지만, 특히 변하지 않는 것 중에 하나가 '음주'일 것이다. 지금도 유럽의 리조트 지역과 관광지에서는 술에 취해 저녁 늦게까지 소란을 피우는 영국인 여행자들을 민폐라고 생각하는데, 그것은 18세기에도 마찬가지였다. 역사가 제러미 블랙은『해외의 영국인 - 18세기의 그랜드 투어』에서 프랑스, 이탈리아, 오스트리아에서 현지의 포도주를 과하게 마시고 취해서 소란을 피우는 영국인 젊은이들의 예를 소개하고 있다. 예를 들어 1790년에『플랜더스, 독일, 프랑스, 이탈리아 여행기』를 출판한 애덤 워커는 밀라노에 체재하는 동안 밤에 잠을 자지 못한다.

> 어젯밤에 영국인 일행 20명 정도가 부르고뉴 와인, 보르도 와인과 샴페인을 36병이나 마시고(숙박업소 주인이 장부를 보여주었다) 아침 6시까지 소란을 피웠기 때문에 우리들은 잠을 잘 수 없었다.
>
> (『해외의 영국인 - 18세기의 그랜드 투어』 224쪽)

이와 같은 영국 여행자들의 행동은 그랜드 투어에 대한 시시비비를 가리고자 하는 사람들의 주장—여행을 떠나는 젊은이들이 너무 어리기 때문에 유럽 여행을 통해서 이익을 얻기는커녕 술과 여자, 도박이라는 악습을 배워 역효과가 날 뿐이라는—의 근거가 되었다.

또한 설령 그들이 성실하게 '교양을 얻기' 위해 노력하더라도, 예를 들어 미술품에 관한 감식안을 충분히 기르지 않은 채로 여행을 떠나면 아무 의미가 없다는 식의 논의가 있었던 것은 앞에서도 언급한 대로다. 미리 공부하지 않고 그랜드 투어를 떠나면 현지에서 감상해봤자 충분한 교육적 효과를 기대할 수 없다. 그뿐만 아니라 특히 부자인 젊은이들은 위작과 이류 작품을 파는 업자들의 최적의 먹잇감이 되어버린다. 유럽을 여행하는 영국인들이 사치스럽게 돈을 쓰는 것은 잘 알려져 있었다. 이탈리아에서는 미술품을, 파리에서는 옷을 마구 사들인 것이다.

예를 들어 카날레토(본명은 조반니 안토니오 카날, 1697~1768)라는 이탈리아의 화가가 있다. 베네치아와 로마의 풍경화를 그린 것으로 알려져 있는데 그의 작품은 영국 여행자들에게 굉장히 인기가 있었다. 카날레토에게 처음으로 관광객들이 기뻐할 만한 풍경화를 그리도록 권유

13. 카날레토 「대운하 입구, 베네치아」 1730년경.

한 것은 오언 스위니(Owen Swiny, 1676~1754)라는 아일랜드인 미술상이었다.

이어서 베네치아의 영국영사이자 미술품 수집가인 조지프 스미스(Joseph Smith, 1682년경~1770)는 카날레토의 후원자가 되어 그의 작품을 사들인 후 주로 영국에 팔았다. 오스트리아 계승전쟁(1740~1748, 여자의 왕위 계승을 금지하는 '살리카 법'에 따라 오스트리아의 마리아 테레지아가 합스부르크 왕가를 계승하는 것은 부당하다는 구실을 내세우며 유럽의 강대국들이 개입해 시작된 전쟁-역주)으로 말미암아 1740년대에는 영국인 여행자 수가 감소했다. 그러자 카날레토는 자신의 작품을 가장 많이 사주는 사람들을 따라서 1746년에 영국으로 건너와 1755년까지 런던에서 살았다. 카날레토의 작품이 영국에 많은 것은 이 때문이다. 예를 들어 버킹엄 궁전의 퀸스 갤러리는 조지 3세가 조지프 스미스로부터 구입한 카날레토의 컬렉션을 소장하고 있다.

어퍼 클래스의 교육과 퍼블릭 스쿨

이와 같이 그랜드 투어는 반드시 이상대로 이루어지지는 않았다. 그렇지만 역시 영국 시골에서 영주의 아들로 자라 '우물 안 개구리'가 되기 쉬웠던 어퍼 클래스의 귀족과 지주의 아들들이 바깥세상을 보는 것은 결코 쓸모없는 일은 아니었을 것이다. 그러나 18세기 후반이 되어 영국이 프랑스와 다시 전쟁을 시작하고 유럽도 치안이

악화되어감에 따라 그랜드 투어의 관습은 쇠퇴해갔다. 한편 원래는 교회 부속의 자선학교였던 '그래머 스쿨(grammar school, 20세기의 공립학교와는 별개임 중세시대에 그래머 스쿨을 설립한 목적은 라틴어를 가르치기 위해서였다 시와 고대 그리스어, 히브리어를 가르쳤고 나중에는 유럽 언어뿐만 아니라 자연과학, 수학, 역사, 지리 등의 과목을 가르쳤다 빅토리아 시대[1837~1901] 후기에는 스코틀랜드를 제외하고 영국 전역에서 중등교육을 실시하기 위한 곳으로 재구성되었다-역주)'에 어퍼 클래스들이 학비를 지불하고 그들의 자식을 입학시키기 시작했다. 많은 그래머 스쿨이 설립된 것은 16세기로, 지금도 명성 있는 많은 퍼블릭 스쿨이 이 시기에 창립되었다. 웨스트민스터 스쿨(Westminster School)은 웨스트민스터 사원의 사제들이 1179년에 문을 연 교회의 부속학교였는데, 1560년에 엘리자베스 1세(1533~1603)가 독립된 학교로 인가했다. 1561년에는 머천트 테일러스사가 런던에 머천트 테일러스 스쿨(Merchant Taylors' School)을 창립했다. 이 학교는 퍼블릭 스쿨로는 드물게 기숙사제가 아닌 통학제로 운영되고 있다. 이 학교를 창립한 머천트 테일러스사는 원래 런던의 재단사 동업자조합(guild)이었는데, 17세기 말이 되면 재단사와의 관련성은 그 이름에서만 볼 수 있게 되었고, 주로 자선사업을 하면서 현재에 이르고 있다. 또한 1567년에는 로런스 셰리프(Lawrence Sheriffe, 1510~1567년경)라는 식료품업자가 럭비 스쿨(Rugby School)을 창립했고, 1572년에는 존 라이언(John Lyon, 1511~1592년경)이라는 유복한 농업주가 해로 스쿨(Harrow School)을 설립했다. 윈체스터 칼리지(Winchester College)는 윈체스터의 주교이자 대법관이기도 했던 윌리엄 오브 위컴(William of Wykeham, 1324~1404)이 1382년에 창립한 것이다. 그러나 제2장에서도 서술했듯이 뭐니 뭐니 해도 귀족의 자제들이 가장 많이 입학하는 곳은 1440년에 헨리 6세가 창립한 이튼 칼리지다. 헨리 6세는 윈체스터 칼리지를 시찰하여 이 학교를 모델로 삼았는데, 이튼에 관해서 그는 "다른 어떤 그래머 스쿨보다도 훌륭할 것이다"라고 선언하며 경쟁심을 드러냈다.

그러나 이튼이나 윈체스터와는 다르게 많은 퍼블릭 스쿨들은 사업에 성공해 부를 축적한 미들 클래스가 가난한 소년들에게 자신처럼 성공할 기회를 주기 위해 만든 것이다. 그들은 자금을 모으고, 학비를 낼 수 있는 학생들에게는 학비를 받았다. 이렇게 해서 모은 자금을 공정하게 운영하기 위해 이사회를 설립하고 학교의 운영에 대한 세세한 규칙을 정했다. 학교를 더욱 잘 운영하기 위해 좀 더 많은 학비를 지불할 수 있는 학생들을 모집했다. 그리고 18세기 말에는 학비를 내는 학생의 수가 더 많아지게 되었다.

또한 학교의 성질이 이렇게 바뀐 또 하나의 이유로, 어퍼 클래스와 어퍼 미들 클래스들의 교육에 대한 생각이 바뀌게 된 것을 들 수 있다. 의학의 진보와 함께 아이의 사망률이 감소하고, 한 가정에서 낳는 아이의 숫자가 증가함에 따라 그 아이들을 전부 집에서 교육하는 것이 곤란해졌다. 따라서 어퍼 클래스에서도 특히 손이 많이 가고 가정에서 얌전하게 교육을 받으려고 하지 않는 아들을 학교에 입학시키는 관습이 유행하게 되었다. 18세기 말부터 19세기에 걸쳐서는 같은 집의 아들이라도 그 기질과 체력에 따라 교육 방법이 달라졌다. 엄격한 규율, 공동생활, 체벌 등을 견딜 수 없을 것 같은 섬세한 아이에게는 가정교사를 붙여 교육을 받게 하거나 사숙(私塾)과 같은 곳에 거주하면서 공부하도록 했다. 반면에 강인한 정신과 신체를 가진, 또는 좀 더 엄격한 규율을 필요로 하는 이른바 '불량한 아들'은 그래머 스쿨로 보냈다. 그리고 이 무렵에는 그래머 스쿨을 '퍼블릭 스쿨(가정교사와 사숙 등의 '사적'인 교육이 아니라는 의미에서)'이라고 부르게 되었다.

지도자의 형성

초기의 퍼블릭 스쿨에서는 '불량소년'이라고까지는 할 수 없지만 손이 많이 가는 어퍼 클래스 출신의 남자아이들이 다수를 차지하게 되었다. 그곳은 규율도 질서도 없는 상당히 거친 장소였다. 교원들은 불합리한 체벌로 학생들을 컨트롤하려고 했고, 학생들도 이에 지지 않고 반항했다. 교사에 대한 학생들의 반란을 진정시키기 위해 군대가 출동한 경우도 있었다. 그와 같은 무법지대를 지금의 퍼블릭 스쿨의 기초가 되는 규율과 전통의 장소로 바꾼 것은 1827년에 럭비 스쿨의 교장으로 임명된 토머스 아널드(Thomas Arnold, 1795~1842)와 그의 후계자들이다. 아널드가 실시한 개혁에 관한 자세한 언급은 피하겠지만(졸저 『퍼블릭 스쿨[パブリック・スクール]』 이와나미 신서[岩波新書] 참조), 그는 학문뿐만 아니라 학생들 간의 인간관계, 교사와의 신뢰관계, 그리고 특히 인격 형성에 많은 신경을 썼다. 협조성과 페어플레이 정신을 함양시키는 건전한 스포츠를 장려했다. 19세기 후반이 되면 럭

비와 축구, 크리켓 등 팀을 이뤄서 하는 스포츠가 대부분의 퍼블릭 스쿨에서 중심적인 활동이 되었다. 아널드는 예전부터 있었던 그리스와 라틴의 고전 이외에 현대사, 현대 언어(프랑스어와 독일어), 그리고 수학을 교과목으로 도입했다. 결코 스포츠를 학문보다 우선시한 것은 아니었지만 19세기 후반이 되면 퍼블릭 스쿨에서는 스포츠를 잘하는 학생이 영웅시되어 학교의 중심적인 인물이자 지도자가 되었다. 그리고 이와 같은 퍼블릭 스쿨의 영웅들이 옥스퍼드대학과 케임브리지대학에 진학해 역시 그곳에서도 주위의 주목을 받는 화려한 그룹을 형성해간다.

실제로 퍼블릭 스쿨의 많은 창립자들은 '학생들을 계속 교육하기 위해, 그리고 자신들의 사적인 이익을 위해'(조너선 게이슨 하디, 『퍼블릭 스쿨이라는 현상』 25쪽) 옥스퍼드대학과 케임브리지대학에 칼리지를 창설하거나 현존하는 칼리지에 학생들을 입학시키기 위해 막대한 장학금을 마련했다.

옥스퍼드와 케임브리지

그러나 옥스퍼드대학도 케임브리지대학도 퍼블릭 스쿨과 마찬가지로 원래는 어퍼 클래스의 자제들을 위한 교육기관이 아니었다. 원래는 성직자를 양성하기 위한 곳이었다. 그러나 17세기 초가 되자 두 학교 모두 졸업 후에 성직자가 된 학생의 비율이 절반 정도로 줄어들게 되었다. 성직에 종사하지 않는 졸업생들은 의사와 법률가, 공무원이 되는 경우가 많았다. 그러나 주목해야 할 점은 어퍼 클래스 지주의 장남들의 숫자가 늘어난 것이다. 그들은 졸업 후에 아버지의 뒤를 이어 토지를 관리해야 하기 때문에 직업을 가지기 위한 자격을 얻을 필요가 없었다. 그럼에도 불구하고 그들이 대학에 입학한 것은 '인맥을 넓히고 표면적인 교양을 쌓기 위해서'였다(『옥스퍼드대학의 역사』 161쪽). 이렇게 해서 옥스퍼드대학과 케임브리지대학에는 목적, 출신, 계급이 다양한 학생들이 혼재하게 된다. L. W. B. 브로클리스의 『옥스퍼드대학의 역사』에 따르면 17세기 초에는 입학생의 30~45% 정도가 어퍼 클래스 출신이었다고 한다(162쪽). 입학할 때 학생들은 각각의 사회적 지위에 입각해서 입학금을 지불하기 때문에 이와 같은 숫자를 산출할 수 있다. 그리고 어퍼 클래스도 '공작과 후작의 아들', '백작과 자작의 아들', '나이트의 아들', '가문이 있는 젠틀맨의 아들', 그리고 '보통의 젠틀맨'이라는 5개의 카테고리로 분류되어 있었다. 남아 있는 기록을 보면 다른 학생들은 성직자의 아들이거나 '평민(plebeians)'이라는 카테고리에 속해 있었다. '평민'이란 자신은 성직자가 아니지만 아들을 성직자로 만들어서 사회적 지위가 상승되기를 바라는 부모의 아들들이라고 짐작해볼 수 있는데 사실 자세한 내용은 알 수 없다. 그러나 케임브리지대학에 남아 있는 좀 더 상세한 기록을 근거로 추측할 수 있는 것은 17세기 초에는 아마도 옥스퍼드대학에서도 '평민' 중에는 상인과 법률가, 의사 등 '전문직'에 종사하는 사람만이 아니라 '요먼(yeoman)'이라 불리는 자작농,

수공업, 소상인의 아들들도 포함되어 있었던 것 같다(상동, 163쪽). 그중에서도 경제적으로 여유가 없는 집안에서 온 학생들은 좀 더 유복한 학생들의 원조를 받거나 다른 학생들의 잡일을 하면서 생계를 유지했다. 대학의 기록을 살펴보면 이러한 종류의 학생들은 전체의 4분의 1 이상을 차지하고 있었을 가능성이 있다고 한다(상동, 163쪽).

그러나 17세기 중엽부터는 이러한 '평민'의 숫자가 줄어들기 시작했다. 학생의 3분의 1 이상은 성직자의 아들, 그리고 그 이상을 젠틀맨의 아들들이 채워갔던 것이다. 이렇게 해서 퍼블릭 스쿨과 마찬가지로 옥스퍼드대학과 케임브리지대학도 서서히 '어퍼 클래스화'되어간다. 또한 브로클리스는 18세기가 되면 가난한 학생이 유복한 학생의 잡일을 하면서 생활비를 버는 것을 그다지 바람직하지 않게 여기게 된 것 같다고 서술하고 있다. '빈곤을 학생들에게는 항상 따라다니는 것이 아니라 부끄러워해야 것으로 인식하게 된 것이다'(상동, 163쪽).

19세기에는 옥스퍼드대학도 케임브리지대학도 입학자의 숫자가 증가했는데 경제적으로 가난한 집안의 학생이 그곳에 가는 일은 없었다(예를 들어 『오만과 편견』에 등장하는 위컴의 아버지는 '경의를 표할 만한(very respatable)' 남자로, 다아시의 저택인 팸벌리의 운영을 책임지고 있었다. 그러나 아내의 낭비벽 때문에 그는 '아들에게 신사교육'을 시킬 수 없었다. 다아시의 아버지는 위컴을 귀여워해서 그의 퍼블릭 스쿨과 케임브리지대학 비용을 모두 부담한다). 두 대학 모두 어퍼 클래스와 어퍼 미들 클래스의 학생들을 위한 배움의 장으로 정착하게 된 것이다. 그리고 브로클리스는 다음과 같이 덧붙이고 있다.

보통의 성직자의 아들들은 설령 상당히 먼 관계일지라도 어퍼 클래스의 가족들과 연관성이 있었을 것이다. 즉 대부분의 학생들의 혈관 속에는 어쨌든 '고귀한 피'가 흐르고 있었던 것이다.

(상동, 166쪽)

이처럼 옥스퍼드대학도 케임브리지대학도 퍼블릭 스쿨 출신자가 대부분을 차지하게 된다. 그중에서도 어퍼 클래스 집안의 차남이나 어퍼 미들 클래스 출신으로 졸업 후 직업을 가져야 하기 때문에 진지하게 공부를 해서 자격증을 따야 하는 학생들과 이미 지주가 되기로 정해져 있어서 사교와 형식적인 교양을 익히기 위해 대학에 들어온 학생들 간에는 입학 후의 생활과 사귀는 친구들, 여가를 보내는 방법 등도 자연스럽게 달라진다. 다음 장에서는 옥스퍼드대학의 학생 생활과 그들의 사교관계에 주목해보고자 한다.

제7장
어퍼 클래스와 옥스퍼드대학

어퍼 클래스와 대학의 다이닝 클럽

소설가 에블린 워의 데뷔작 『쇠퇴와 타락』(1928)은 주인공인 폴 페니페더가 옥스퍼드대학에서 퇴학당하는 장면으로 시작된다. 이류 퍼블릭 스쿨의 교사가 된 그는 학생의 어머니로 사교계의 꽃인 마고 베스트 쳇윈드와 친해져 그녀와 결혼하게 된다. 사실 마고는 매춘알선업과 관계를 맺고 있었고, 폴도 그 일에 휘말리게 된다. 평범하고 성실한 어퍼 미들 클래스의 젊은이가 주변 사람들에게 휘둘리는 모습을 그린 시니컬한 코미디 소설이다. 애당초 폴이 퇴학을 당하게 된 것은 자신은 속해 있지 않은 클럽 때문이었다.

소설 첫 장면의 무대는 실제 옥스퍼드대학에는 없는 가공의 칼리지인 스콘 칼리지로, 대학의 사교 클럽 중 하나인 볼링거 클럽에서는 그날 밤 1년에 한 번 열리는 모임이 열리고 있다. '볼링거'라는 이 사교 클럽 역시 가공의 것으로, 프랑스의 고급 샴페인 브랜드인 '볼랑저(Bollinger)'의 영어식 발음에서 가져온 것이다. 사실 이것은 실제로 존재하는 옥스퍼드대학의 악명 높은 클럽인 벌링던 클럽(Bullingdon club)을 모델로 한 것이다.

14. 벌링던 클럽의 로고(1852년)

벌링던 클럽은 이른바 '다이닝 클럽'이라고 불리는 사교 클럽으로, 18세기 후반에 크리켓과 사냥을 하기 위한 목적으로 창립되었다. 그러나 19세기 후반에는 이미 스포츠보다도 그

후의 디너가 클럽의 주요 이벤트가 되었다(지금은 크리켓의 위켓 즉 세 기둥으로 된 문과 말을 탄 남성이 그려져 있는 클럽의 로고에서 이 클럽이 원래 했던 활동을 알 수 있을 뿐이다). 디너는 상당히 호화로운 것으로 클럽의 멤버도 유복한 어퍼 클래스의 남성들이 중심이 되었다. 단 멤버가 되기 위해서는 유복한 것만으로는 부족해서, 출신교가 어디인지도 중요한 요소였다. 멤버는 이튼 칼리지, 해로 스쿨, 슈루즈베리 스쿨(Shrewsbury School), 럭비 스쿨, 웨스트민스터 스쿨, 차터하우스 스쿨, 윈체스터 칼리지라는 명문 퍼블릭 스쿨의 졸업생들로 구성되었다.

2007년에는 보리스 존슨과 데이비드 캐머런이 찍힌 1987년의 벌링던 클럽 사진이 매스컴에 유출되어 물의를 일으킨 일도 있었다. 당시 존슨은 런던 시장이었고, 캐머런은 보수당의 당수였다. 그들이 이 클럽의 멤버였던 것으로 판명된 것이 왜 화제가 되었는가 하면, 1년에 한 번씩 열리는 이 클럽의 디너는 멤버가 엉망으로 취해 난동을 부리고 기물을 파손하는 것으로 매우 악명 높기 때문이다. 클럽의 멤버였던 작가 해리 마운트에 따르면 1894년에 벌링던의 멤버들은 옥스퍼드대학의 칼리지인 크라이스트처치 안뜰에서 소동을 피우며 무려 467개의 창문 유리를 깼다고 한다(『바이바이, 블러』, 『스펙테이터』 2017년 2월 18일, 16쪽). 그들이 매년 이와 같은 폭행을 저지른 것은 아니지만, 1927년에 난동을 부렸을 때에는 옥스퍼드에서 반경 15마일 이내의 지역에서 회합을 가지는 것을 금지시켰다고 한다. 마운트는 에블린 워가 『쇠퇴와 타락』의 첫머리에서 벌링던 클럽에서 영감을 받아 묘사한 볼링거 클럽의 난동이 바로 이 사건을 계기로 한 것은 아닐까 하고 추측하고 있다.

에블린 워는 볼링거 클럽의 디너에 대해 다음과 같이 묘사하고 있다.

이것을 매년 있는 이벤트라고 부르는 것은 정확하지 않다. 왜냐하면 이 클럽은 회합 후에 몇 년 동안 활동 정지 처분을 받는 일이 가끔씩 있었기 때문이다. 볼링거 클럽에는 전통이 있었다. 과거의 멤버 중에는 재위 중인 왕도 있었다. 마지막 디너는 3년 전이었는데, 그때는 우리에 갇혀 있던 여우를 꺼내 샴페인 병을 던져 죽여버렸다. 얼마나 즐거운 밤이었던가! 오늘은 그 이후에 열리는 첫 회합으로, 유럽 전역에서 오래된 멤버들이 모였다. 이 이틀 동안 그들은 계속해서 옥스퍼드를 찾아왔다. 망명 생활을 하고 있는, 간질에 걸린 듯한 왕족의 면면들이 외국의 거주지에서 찾아오고, 세련되지 못한 귀족들이 막 무너질 듯한 컨트리 하우스에서 찾아왔다. 대사관과 공사관에서는 이상한 취미를 가진 젊은이들이, 스코틀랜드 고지에 있는 화강암으로 된 작은 집에서는 읽기와 쓰기를 못 하는 대지주들이, 그리고 야심찬 젊은 법정변호사와 보수당 의원 후보자들이 런던의 사교 시즌과 사교계에 데뷔하는 여성들을 뿌리치고 찾아온 것이다.

(서장)

이 묘사를 벌링던 클럽에 그대로 적용하는 것은 다소 과장스럽지만 대단한 멤버들이 모인 화려한 사교 클럽이었다는 것은 분명하다. 에블린 워의 소설에서는 부(副)학생감독과 재무 담당자가 건물 안에서 그들의 소란을 지켜보고 있다. 볼링거 클럽의 멤버들은 동료 중 한 명의 방에서 소란을 피우고 있다.

> 서 아리스테어의 방에서는 전보다도 더욱 날카로운 소리가 들린다. 이것을 한번 들은 사람은 그 소리를 떠올릴 때마다 몸이 움츠러들 것이다. 이것은 잉글랜드에서 대대로 내려오는 지주의 자손들이 깨진 유리를 찾아서 울부짖는 소리다.
>
> (서장)

두 명의 학교 직원들은 그들을 말리려고 하지 않는다. 이쯤 되면 말리려고 해도 소용이 없을 뿐만 아니라 자신들이 위험하다는 것을 잘 알고 있기 때문이다. 다음 날 아침에 그들에게 고액의 벌금을 부과해서 그 돈으로 빈티지 포르토 술을 마실 수 있다고 기대하고 있다. 대학 당국의 이러한 한심스러운 태도는 에블린 워의 시니컬한 유머의 산물이다. 그러나 저널리스트 겸 정치가이자 에블린 워의 후배였던 톰 드리버그는 그의 회고록 『우선하는 감정』에서 이러한 묘사 자체가 과장되기는커녕 "벌링던의 디너의 모습을 오히려 축소해 묘사했다"고 지적한다(56쪽). 그는 "이렇게나 많은 유리가 깨지는 것을 그다음으로 본 것은 1940년대에 있었던 런던 공습 때다"라고 회상하고 있다. 화려한 것과 사교를 좋아하는 에드워드 8세(후에 이혼 경력이 있는 미국인 심프슨 부인과 결혼해서 왕위에서 물러났다)는 옥스퍼드대학 재학 시절에 벌링턴 클럽의 멤버가 되려고 했는데, 그 평판을 듣고 있던 부모님이 멤버가 되려면 '회합에 참가해서는 안 된다'는 것을 조건으로 내걸었다(영국에서 처음으로 대학 교육을 받은 것은 그의 할아버지인 에드워드 7세다. 아버지 조지 5세도 대학에 갔지만 칼리지에서 기거한 것은 에드워드 8세가 처음이었다). 그러나 결국 유혹을 뿌리치지 못하고 회합에 참가하고 말았다. 1913년 6월 1일 자 『뉴욕타임스』는 이 사실을 알게 된 어머니가 '바로 탈퇴해라'라는 전보를 보냈다고 보도하고 있다.

아무리 엉망으로 취해 날뛰어도 관계자 이외의 사람들에게 피해를 주지 않으면 그나마 봐줄 만하지만 그렇게는 되지 않았다. 조금 전에 언급한 두 명의 학교 직원들은 다음 날 아침에 부과할 벌금을 생각하면서 올해는 어떤 희생자가 나올지 예측하고 있다.

"올해는 인기가 없는 학생이 누구일까요? 언제나 그 녀석들의 방이 공격을 당하는데. 오늘 밤에는 미리 외출할 정도의 분별력이 있었으면 좋겠는데요."

"꼽아보자면 우선 패트리지겠죠. 마티스인가 뭔가 하는 놈의 그림을 가지고 있대요."

"게다가 침대에는 검은 시트를 깔고 있다더군요."

"선더스는 램지 맥도널드와 저녁을 먹으로 간 적이 있는 것 같더군요."

"그리고 랜딩은 여우 사냥을 할 수 있을 정도의 경제력이 있는데 그 대신에 도자기를 모으고 있다더군요."

"게다가 아침 식사를 한 후에는 뜰에서 시가를 피우고요."

"오스틴은 그랜드 피아노를 가지고 있어요."

"그건 놈들이 즐거워하며 부숴버리겠군요."

"오늘 밤에는 상당한 액수의 청구서를 만들 수 있을 거예요. 이건 기대되는걸!"

(서장)

'인기가 없는 학생' 중에는 노동당에서 총리가 된 맥도널드와 교류하거나 여우 사냥을 할 수 있는데도 하지 않는, 어퍼 클래스의 지주와 그 아들들의 흥을 깰 만한 인물들이 포함되어 있다. 그들은 그렇다 치고, 마티스의 그림과 그랜드 피아노를 소유하고 있는 '예술 애호가'들도 어퍼 클래스가 눈엣가시로 여기고 있는 것은 조금 이상하다고 생각될지도 모른다. 실제로 모델이 된 벌링던 클럽도 '예술적'인 인간을 타깃으로 삼았다고 한다. 에블린 워는 후에 소설『다시 찾은 브라이즈헤드』(1945)에서도 벌링던 클럽을 연상시키는 사교 클럽의 난동에 대해 묘사하고 있다. 여기에서 그들의 표적이 된 것은 앤서니 블랑시라는 이름의 '유미주의자'다. 그는 모더니즘 문학과 예술에 조예가 깊고, 자신이 동성애자라는 것을 상당히 노골적으로 드러내고 있다. 선조 대대로 전해내려온 토지를 소유하고, 시골을 사랑하며, 사냥과 야외에서 활동하는 것을 좋아하고, 학문과 예술에 뛰어난 인간들을 회의적인 눈으로 바라보는 영국의 '전형적'인 어퍼 클래스들에게 앤서니 블랑시라는 인간은 참을 수 없는 존재였다. 블랑시도 그 점을 충분히 이해하고 있어서, 일부러 그들을 도발하는 행동을 하기도 하고, 심지어는 그들이 던져 넣기 전에 스스로 머큐리(옥스퍼드대학 크라이스트처치 안뜰에 있는 연못)로 뛰어들기도 한다.

학생 생활

'건전한 야외'를 사랑하는 것은 어퍼 클래스의 자제들 대부분이 졸업한 퍼블릭 스쿨의 정신이기도 하다. 제6장에서도 언급했듯이, 옥스퍼드대학과 케임브리지대학의 칼리지는 퍼블릭 스쿨과 강한 연관성을 가지고 있었다. 스포츠에 뛰어나고 사교적이며 지도력이 있는 퍼블릭 스쿨의 영웅들이 이 두 개의 대학으로 진학했고, 그곳에서도 역시 주위의 주목을 받는 화려한 그룹을 형성해갔다.

옥스퍼드대학, 케임브리지대학 그리고 19세기에 설립된 런던대학은 모두 영국의 다른 대학들과는 달리 칼리지 제도로 운영하는 대학이다. 옥스퍼드대학에는 현재 39개의 칼리지가 있는데 그곳에는 연구 성과나 교육 레벨과는 별도의 '계층'이 존재한다. 이튼 칼리지에서 입학한 사람들이 많은 크라이스트처치는 지위가 높고, 베일리얼 칼리지(Balliol College)와 맥덜린 칼리지(Magdalene College)도 높은 순위에 들어 있다. 소설가 콤프턴 매켄지(1883~1972)가 쓴 『시니스터 스트리트』(1914)의 주인공 마이클 페인은 옥스퍼드대학의 세인트 메아리스라는 가공의 칼리지에 입학한다. 이것은 매켄지 자신의 모교인 맥덜린 칼리지를 모델로 한 것이다. 어느 날 같은 칼리지의 친구인 론스델이 당황한 표정으로 마이클을 찾아와 "어떤 학생이 자신을 점심 식사에 초대했는데"라며 상담을 청한다. "뭐가 문제야?"라고 마이클이 묻자 론스델은 "걔는 링컨 칼리지에 있는데 그 칼리지가 어디에 있는지 모르겠어. 지도나 뭔가 알 수 있는 거 가지고 있어?"라고 묻는다(제4장). 별것 아닌 에피소드 같지만 옥스퍼드대학에서 칼리지끼리 속물적인 경쟁을 벌이고 있는 것을 알고 있는 사람들이라면 히죽 웃을 수밖에 없는 부분인 것이다.

이 정도로 속물이 아닌 학생이라도, 옥스퍼드와 케임브리지에서의 생활은 퍼블릭 스쿨 출신의 어퍼 클래스와 어퍼 미들 클래스의 학생들에게는 퍼블릭 스쿨이 연장된 것처럼 생각되었을 것이다. 그들은 출신, 성장 과정, 기호, 그리고 경제력이 비슷한 무리들과 자연스럽게 교류하며 그룹을 형성해갔다. 옥스퍼드대학의 학생 생활에 대한 가이드북인『옥스퍼드류 - 학생 생활의 묘사』(1926)를 쓴 윌리스 윌플릿 블레어 피시(1889~1968)는 '모든 장소에 얼굴을 내비치고 모든 칼리지와 모든 그룹의 인간들을 알고 있는 듯한 태도를 취하는' 학생이 있는가 하면, 대다수의 학생들은 시야가 좁은지, 무관심한지, 아니면 소심한지 "자신의 그룹과 자신이 속한 칼리지 외의 인간들은 전혀 모른 채 옥스퍼드에서의 대학 생활을 마감한다"고 지적한다(60~61쪽).

게다가 대학은 퍼블릭 스쿨보다도 자유롭고, 학생들은 특권계급과 같은 대우를 받는다. 예를 들어 퍼블릭 스쿨에서는 귀족의 자제라도 상급생에게는 절대적인 경의를 표하고, 그들을 위해 심부름을 하거나 구두를 닦거나 차를 준비하는 등 자택에서는 고용인들이 하는 일들을 자신이 하기도 한다. 반면에 대학에서는 개인실을 받을 수 있고(예외도 있었지만), 옥스퍼드에서는 '스카우트(scout)', 케임브리지에서는 '베더(bedder, 침실 담당 사환인 bedmaker의 줄인 말-역주)'라고 불리는 고용인이 방마다 배정되어 있었다. 영국에서는 일본과는 달리 학생들이 초등학교 때부터 교실 청소를 하는 경우가 없고, 다른 대학에서도 기숙사의 방 청소는 담당자들에게 맡기는 것이 일반적이다. 단 이 스카우트와 베더는 학생들 개개인에게 배정되어 열심히 방 청소를 하거나 필요한 것이 있으면 조달하는 등 세심하게 학생들을 보살핀다. '청소 담당'이라기보다는 신사의 '하인'과 같은 역할을 하는 것이다. 20세기가 되면 로워 미들 클래스와 워킹 클래스의 학생들이 장학금을 받아서 옥스퍼드와 케임브리지에 입학하게 되었는데, 그들에게 가장 곤란한 것은 수업이나 공부의 내용이 아니라 학생들 간의 사교와 이와 같은 고용인들에 대한 대응이었다.

　그렇다고 해서 대학이 완전히 자유로운 공간이었는가 하면 그렇지는 않다. L. W. B. 브로클리스의 저서 『옥스퍼드대학의 역사』에서는 제2차 세계대전까지 옥스퍼드대학의 학생들은 "마을 안의 다른 젊은이들과 구별되어야 했다. 그들은 학생이자 신사라는 점에서 품위가 떨어지거나 부모님의 얼굴에 먹칠하는 일이 없도록 신중하게 관리되어야 했다"고 언급하고 있다(450쪽).

학생들에게는 통상 외박이 허용되지 않았고 통금 시간은 밤 10시였다. 강의에 출석하거나 도서관에 가거나 마을을 걸어다니고 있을 때에도(시간에 따라서는) 아카데믹 가운과 학생모를 쓰고 있어야 했다. 또한 시험과 학위수여식 등의 식전에서는 가운 아래 서브 퍼스크(sub fusc, 라틴어로 짙은 갈색을 의미하는 sub fuscus의 약칭)라고 불리는 검거나 짙은 회색, 또는 짙은 파랑색의 정장을 입어야 했다(지금도 옥스퍼드대학의 홈페이지에는 서브 퍼스크에 관한 자세한 규정이 제시되어 있다. 예를 들어 '양말, 타이츠 혹은 스타킹은 완전히 발목을 덮어야 한다. 양말이나 스타킹을 착용할 경우에는 바지 끝자락 또는 스커트 끝자락과 양말과 스타킹 사이에 빈틈이 있어서는 안 된다'라고 명시되어 있다).

식사는 통상 '홀(hall)'이라고 불리는 칼리지 식당에서 한다. 칼리지에 따라서 규칙은 달랐지만 윌리스 월플릿 블레어 피시에 따르면 대부분의 칼리지들은 일주일 중 적어도 5일 동안은 홀에서 저녁 식사를 하도록 학생들에게 요구했다. 옛날에는 홀에서 식사 중인 학생들의 대화에도 제한이 있었다. '일에 관해 이야기한다(이 경우에는 수업과 공부에 관한 것)', '외국어를 사용한다(지식을 과시하는 것에 대한 혐오)', '품위가 없는 말을 사용한다', '빵을 던진다(술에 취한 어퍼 클래스의 전형적인 나쁜 점)' 등의 행위를 할 경우, 벌금을 내거나 '스콘스(sconce)'라는 술을 원샷하는 벌을 받았다. 그러나 지금은 알코올이 아닌 것으로도 원샷을 할 수 있게 되었다며 윌리스 월플릿 블레어 피시는 개탄하고 있다. 이러한 생활도 그 나름대로 즐거운 것 같지만 퍼블릭 스쿨이 지속되고 있는 듯한 이 공동생활이 싫어서, 또는 이 퍼블릭 스쿨과 같은 분위기에 적응하지 못해 홀을 피하고 싶어 하는 학생들도 물론 있었다. 허가를 받으면 밖에서 식사를 할 수 있었지만 그래도 5일분의 홀 식비는 징수되었다(현재 이 제도는 폐지되었다).

또한 학생들에게는 특별한 허가 없이는 옥스퍼드 마을의 오락시설과 술집(pub)에 들어가는 것도 허용되지 않았다. 단 자기 방이 있는 칼리지에서는 예배와 식사를 할 때나 교수를 만날 때를 제외하고는 비교적 자유로운 복장으로 지낼 수 있었고 술도 마실 수 있었다.

다양한 규칙도 시대의 변화와 함께 변해갔다. 예를 들어 19세기 말에는 학생들이 마을의 호텔과 레스토랑, 술집에서 음주를 하는 것이 금지되어 있었다. 그러나 제1차 세계대전 후에는 그곳에서 식사를 할 경우에만 술을 마시는 것이 허용되었다. 영국인은 지금도 술집에서 술을 마실 때 식사는커녕 안주도 주문하지 않고 오로지 술만 마시는 경우가 많은데, 그러한 음주와 '식사와 함께 즐기는 술'은 구별되어 있었다(참고로 2020년에 코로나19 감염 방지를 위한 정책으로 영국에서는 한때 일부 지역에서 '술집에서 제대로 된 식사를 할 경우에만 술을 마시는 것을 허가한다'고 해서 '제대로 된 식사'가 구체적으로 무엇을 가리키는지를 둘러싸고 논란이 불거졌다).

이와 같은 엄격한 규칙을 지키며 살고 있던 학생들이 1년에 한 번 클럽의 저녁 식사에서 난동을 부리는 것도 전혀 이해가 안 되는 것은 아니다. 그러나 그렇다고는 해도 벌링던 클럽 등의 경우에는 역시 도가 지나치다. 물론 이와 같은 사교 클럽에서 소란을 피운 것은 극히 일부의, 주로 퍼블릭 스쿨 출신의 학생들이었다. 이 챕터의 서두에서 소개한 에블린 워의 『쇠퇴와 타락』의 주인공인 폴 페니페더는 이러한 클럽과는 인연이 없는 성실한 학생이다. 작은 퍼블릭 스쿨을 졸업한 어퍼 미들 클래스의 청년으로, 장학금을 받아서 검소한 대학 생활을 하면서 성직자가 되는 것을 목표로 공부하고 있었다.

> 그는 일주일에 담배를 3온스(1온스는 28.35g-역주) 정도 피우고 (중략) 하루에 맥주를 1파인트 반(영국에서는 1파인트가 0.568ℓ임-역주) 정도 마셨다. 반 파인트는 점심 식사 때, 1파인트는 저녁 식사 때. 저녁은 항상 홀에서 먹었다. 그에게는 네 명의 친구가 있었는데 그 중 세 명은 같은 학교 출신이었다. 볼링거 클럽의 멤버들은 아무도 폴 페니페더에 관해서 들은 적이 없었고, 왠지 모르지만 그 역시 볼링거 클럽에 대해 들은 적이 없었다.

(서장)

볼링거 클럽의 디너가 있었던 날 밤, 폴은 세계 평화에 대해 연구하는 진지한 집회에 참석한 후 자전거를 타고 칼리지로 귀가하고 있었다. 자기 전에 파이프를 피우고, 읽다가 만 소설을 한 챕터 정도 더 읽어야겠다고 생각하면서 칼리지의 문을 통과하여 자신의 방으로 향하고 있을 때 만취한 볼링거 클럽의 멤버들과 마주친다. 『다시 찾은 브라이즈헤드』의 앤서니 블랑시와 같은 '유미주의자'도 아니고 '예술 애호가'도 아닌 폴은 보통 때면 그들 눈에 띄지도 않았을 텐데,

그에게는 정말이지 불행하게도 그날 그가 매고 있던 넥타이가 볼링거 클럽의 넥타이와 흡사했던 것이다.

"클럽의 넥타이를 한 맹랑한 놈이 있어"라고 램스덴이 소리쳤다. 그에게는 기독교가 전해지기 전부터 광대하고 거친 땅을 차지하여 지배하고 있었던 가족의 일원이라고 할 만한 부분이 있었다.

(서장)

클럽 멤버들은 폴을 덮쳐 바지를 벗겼다. 그는 바지를 입지 않은 채 칼리지 안뜰을 달려서 방으로 돌아왔는데 그 '경박한 행위'에 대한 벌로 퇴학 처분을 받게 된다. 이때부터 폴의 운명은 어긋나기 시작하여 어퍼 클래스의 인간들에게 여러 형태로 휘말리게 된다. 마지막에는(약 1년 후) 다시 옥스퍼드대학의 스콘 칼리지로 돌아와 원래의 성실하고 소박한 생활을 하게 된다.

특권계급인 볼링거 클럽의 멤버들에 대한 처분은 벌금을 지불하는 것으로 마무리되었다. 폴이 퇴학을 당한 것은 그가 '장학생'이어서 품행이 바르지 않은 것을 용납할 수 없었기 때문이기도 하다. 장학생은 스칼러(scholar)라고 부르고, 장학금을 받지 않고 자신이 비용을 지불해 입학하는 학생들은 18세기부터 코모너(comomoner)라고 부르고 있었다. 코모너에도 랭크가 있어서 코모너 위에 젠틀맨 코모너(gentleman commoner, 케임브리지대학에서는 펠로 코모너[fellow commoner]라고 한다), 그리고

186

그 위에는 귀족(nobleman)이 있었다(지금은 그와 같은 구별이 사라져서 장학생 이외의 학생들을 전원 코모너라고 부른다). 장학금을 받지 않고 이른바 사교와 인맥 쌓기를 위해 입학하는 많은 어퍼 클래스들은 수업에 제대로 나가지도 않고, 학위도 받지 않은 채 졸업했다. 성실하게 학문을 배우는 스칼러와는 전혀 별세계에 있었던 것이다. 성직자를 목표로 진지하게 공부하는 스칼러인 폴이 스칼러이기 때문에 대학에서 쫓겨나는 것은 아이러니한 전개라고 할 수 있다. 그럼에도 불구하고 마지막에는 그가 원래 있던 장소로 돌아와 볼링거 클럽이 1년에 한 번 소란을 피우는 소리를 멀리 떨어진 방에서 들으면서 친구와 코코아를 마시고 파이프를 피우고 있는 것이다.

대학에서의 사교와 '세트'

이와 같이 옥스퍼드와 케임브리지에서는 완전히 다른 목적으로 입학한, 출신 학교와 계급도 다른 '세트(set)', 즉 사교 그룹이 존재한다. 특히 어퍼 미들 클래스의 퍼블릭 스쿨 출신자들의 경우에는 입학했을 때 자신에게 걸맞은 성실한 '세트'가 아니라, 좀 더 '화려한' 어퍼 클래스 중심의 세트에 휘말리는 경우가 있었다. 따라서 대학을 무대로 한 소설 중에는 그와 같은 테마를 다룬 작품들이 있다.

예를 들어 퍼블릭 스쿨을 무대로 한 학교 이야기로 인기를 얻은 토머스 휴즈의 『톰 브라운의 학교 생활』(1857)의 속편인 『옥스퍼드대학의 톰 브라운』(1861)에서는 톰이 속한 세인트 앰브로즈 칼리지라는 가공의 칼리지를 다음과 같이 묘사하고 있다.

　　세인트 앰브로즈 칼리지는 중간 정도 규모의 칼리지다. 우리 영웅들이 신입생으로 그곳에 나타났을 때에는 아마 70명에서 80명의 학생들이 살고 있었을 것이다. 칼리지로서는 불행하게도 이들 대부분이 젠틀맨 코모너였다. 그리고 그들 주변에 모이는 그들과 비슷한 생활을 하는 학생들을 포함하면 이런 타입의 학생들은 칼리지 안에서도 가장 크고 중요한 세트를 형성하고 있었다. 즉 이 칼리지는 완전히 방탕한 생활을 하고 있었던 것이다.

(제1장)

　이 학생 그룹은 좌우지간 돈을 마구 써댔다. 비싼 와인, 고가의 양복, 고급 시가에 최고의 가구를 겸비하고, 점심에는 여우 사냥에 승마, 저녁에는 당구, 밤에는 방에서 카드 도박에 몰두했다. 그러나 세인트 앰브로즈 칼리지는 원래 이런 칼리지가 아니었다. 학생들은 근면하고 성적도 우수했으며 행동도 훌륭하여 신사적이라고 알려져 있었다. 그러나 깐깐한 비즈니스맨이 칼리지 운영에 관여하면서 운영 방침이 바뀌어갔다. 그들의 목표는 장학생이 아닌 자비로 비싼 학비를 지불하는 학생들을 획득하는 것이었다.

그들은 우선 젠틀맨 코모너의 숫자를 눈에 띄게 늘렸다. 준남작과 지주의 장남은 거의 전원 젠틀맨 코모너로만 입학할 수 있도록 했다. 이들 젊은 신사들은 칼리지에 두 배의 금액을 지불하는 데다 다양한 형태로 수입이 보증되어 있었기 때문에 애당초 그들이 스스로 생활을 개척해야 하는 보통 학생들과 동일한 규칙을 따르는 것을 기대하기는 어려웠다. 따라서 예배와 강의에 출석해야 한다는 규칙은 다른 코모너들과 동일했으나 실제로 젠틀맨 코모너에 대해서는 그다지 엄격하지 않았던 것이다.

(제1장)

이와 같은 '방탕한' 세트의 상극에는 주로 장학생으로 구성된 성실한 세트가 존재한다. 그리고 그 중간에 '보트 젓기' 세트, 즉 건전한 스포츠로 정신과 육체를 단련하는 세트가 존재한다. 주인공인 톰은 이 '보트 젓기' 세트에 속해 있는데, 이쪽에 속해 있으면서 '방탕한' 세트에 소속된 학생들과도 사귀기 시작한다. 그러는 사이에 퍼블릭 스쿨의 엄격한 규율에서 해방되었다는 반동도 더해져 사치를 부린 나머지 빚을 지게 된다. 그러나 서비터(servitor, 식비와 기숙사비를 면제받는 대신 다른 학생의 잡일을 해주는 학생으로 19세기 중엽에 폐지되었다)와 알게 되어 그의 영향을 받아 자신의 생활을 바꿔나간다.

한편 에블린 위의 『다시 찾은 브라이즈헤드』에서는 주인공 찰스 라이더가 애당초 접점이 있을 리 없는 '방탕한' 세트에 속한 후작의 아들 서배스천과 우연히 알게 된다. 이들이 만난 것은 찰스가 입학한 지 3학기째가 되는 때로, 찰스는 이 만남에 대해 "나의 옥스퍼드에서의 생활은 서배스천과 만났을 때부터 시작되었다"고 언급하고 있다(제1권, 제1장). 찰스는 대학을 입학할 때 사촌에게 여러 가지 충고를 들었는데, 그중 하나가 '칼리지의 방을 바꾸는' 것이었다. 찰스의 방은 칼리지 1층에 있었는데, 그렇게 편리한 곳에 있으면 '제멋대로인 못된 놈들'이 걸핏하면 찾아와서 모임 장소로 사용하기 때문이라는 것이다. 그렇지만 자신의 방이 마음에 들었던 찰스는 칼리지의 방을 바꾸지 않았다.

어느 날 밤늦게 찰스가 친구들을 방으로 초대해 지적인 토론에 열중하고 있을 때 밖에서 어느 사교 클럽의 멤버가 술에 취해 소란을 피우는 소리가 들렸다. 그중 한 명인 서배스천이 갑자기 찰스의 방 창문으로 다가와 열려 있던 창문으로 머리를 쑤셔 넣고 구토하는 사건이 벌어진다. 찰스는 자신의 스카우트에게 칩을 주고 치워달라고 했는데 강의에서 돌아오자 방이 꽃으로 가득 차 있었다. 놀란 찰스에게 스카우트는 "어젯밤 신사분이 보낸 겁니다"라고 보고한다. 스카우트는 오물을 청소하는 것에 대해 적잖은 불만을 토로했는데, 지금은 완전히 돌변해서 "정말로 유쾌한 신사였어요. 그분이라면 청소하는 것쯤은 전혀 힘들지 않아요"라고까지 말하는 것이었다. 어퍼 클래스의 학생은 고용인과 접촉하는 것에 익숙하기 때문에 스카우트도 쉽게 길들여버리는 것이다. 꽃과 함께 사과의 뜻으로 점심을 먹으러 왔으면 좋겠다는 메시지가 전달된다. 이렇게 해서 찰스와 서배스천의 교류가 시작된다. 폴 페니페더와 톰 브라운과는 달리 찰스는 어퍼 클래스의 방탕한 학생에게 악영향을 받아 휘둘리는 것이 아니라 오히려 어퍼 미들 클래스의 세계와는 다른 별세계를 경험할 수 있는 기회를 얻는다.

자신과는 인연이 없는 '방탕한' 세트에게 휘둘리는 경험은 사실 옥스퍼드대학에서 에블린 워 자신이 겪은 체험을 반영한 것이다. 저널리스트인 필립 이드의 저서 『에블린 워 - 다시 찾은 삶』(2016)에 따르면 워의 대학 생활은 처음에는 비교적 조용했는데, 친구의 소개로 히포크리트(hypocrite, 위선자) 클럽이라는 사교 클럽에 가입하면서 180도 달라지게 된다. 워가 입회했을 당시 이 클럽은 주로 이튼 칼리지의 졸업생들이 좌지우지하고 있었다(워는 랜싱 칼리지[Lancing College]라는 퍼블릭 스쿨 출신). 이드는 "에블린은 이 자유분방하고 아이 같은 분위기에 금방 익숙해졌다"고 적고 있다(69쪽). 워 자신도 이 클럽에 대해 "지금까지도 교류하고 있는 친구들은 모두 이곳에서 얻었다"고 회고록 『약간의 배움』(1964)에서 기술하고 있다(제8장). 워 자신은 이와 같은 어퍼 클래스의 세계에 휘말렸어도 소설가로서의 경험과 소재, 친구를 얻었다는 행운의 결과로 마무리되었다. 그러나 그것은 결국 지금까지 살펴본 것처럼 워의 출신계급이 어퍼 미들 클래스이기 때문에 '어퍼 클래스'와는 어느 정도 통하는 면이 있었기 때문이다. 만약 그가 로워 미들 클래스나 워킹 클래스였다면 이야기는 달라진다.

'워킹 클래스' 출신의 장학생

20세기가 되어 '그래머 스쿨(앞에서 서술한 퍼블릭 스쿨의 전신인 그래머 스쿨과는 별개의 것임)'이라고 부르는, 학력 시험으로 학생을 선발하는 공립학교가 설립되었다. 그 영향으로 로워 미들 클래스와 워킹 클래스의 우수하고 야심찬 학생들이 장학금을 받아 대학에 진학하게 된다. 그 숫자는 지금도 결코 많지 않지만 그들이 무엇보다도 먼저 대학에서 직면하는 장벽은 계급에 대한 컬처 쇼크다. 시인이자 대학 도서관의 사서이기도 했던 필립 라킨(1922~1985)은 젊은 시절에 쓴 소설『질』(1946)에서 그와 같은 워킹 클래스 출신의 비극을 그리고 있다. 북부에 있는 마을에 사는 소년 존 캠프는 그래머 스쿨에서 영문학 교사의 눈에 띄어 특별 수업을 받고 옥스퍼드대학의 장학금을 받는 데 성공한다. 그는 태어나서 처음으로 여행을 하여 대학 칼리지에 도착한다. 전시(戰時)였기 때문에 개인실은 지급되지 않아서 어퍼 미들 클래스인 크리스 워너와 함께 방을 사용한다. 크리스는 첫날부터 같은 학교 출신의 친구들을 방으로 초대해 티타임을 갖는다(나중에 이미 기숙사에 도착해 있던 존의 식기를 그가 제멋대로 사용한 사실이 드러난다). 존은 우선 크리스와 그의 친구들의 태연하면서도 불손하고 자신만만한 태도에 동요한다.

크리스는 퍼블릭 스쿨 출신으로 그의 모교는 도저히 일류라고는 할 수 없는 곳이었다. 그의 친구들도 기껏해야 어퍼 미들 클래스다. 이른바 '어퍼 클래스'의 '방탕한' 세트가 전혀 아니지만 '어퍼 클래스'

대 '어퍼 미들 클래스'라는 도식과 마찬가지로, '어퍼 미들 클래스' 대 '로워 미들 클래스/워킹 클래스'라는 도식이 성립될 수 있는 것이다. 또한 '어퍼 클래스'와 '어퍼 미들 클래스' 사이의 간격보다도 훨씬 깊고 뛰어넘을 수 없는 거리가 '어퍼 미들 클래스'와 '로워 미들 클래스/워킹 클래스' 사이에 존재하는 것이다.

존은 우선 스카우트의 존재에 대해 어찌할 바를 모르는데, 고용인에 익숙한 크리스가 스카우트와 가볍게 이야기하고 있는 것을 보고 주눅이 든다. 단 윌리스 윌플릿 블레어 피시는 신입생은 거의 대부분 자신의 방을 담당하는 스카우트와 첫 대면을 할 때 어쩔 줄 몰라 하고, 어떻게 행동해야 좋을지 몰라서 당황해한다고 유쾌하게 적고 있다. 여기에서 필립 라킨은 워킹 클래스인 존과 어퍼 미들 클래스인 크리스의 콘트라스트를 강조하기 위해 크리스가 필요 이상으로 스카우트를 다루는 데 익숙한 것처럼 묘사하고 있다. 크리스는 예배에 가지 않고, 공부도 제대로 하지 않으며 거의 매일 밤 퍼블릭 스쿨에서 함께 지냈던 친구들과 밖에서 늦게까지 술을 마신다. 크리스는 '코모너'이기 때문에 식당에서는 장학생인 존과 다른 테이블에 앉는데 식사시간 외에도 존과 함께 지내는 일은 거의 없다. 한편 존은 식당에서 자신과 비슷한 워킹 클래스 출신의 학생 위트블레드와 알게 된다. 그는 크리스와 같은 번잡스러운 학생과 같은 방을 쓰는 존을 동정하며 "저런 놈에게 학업에 방해를 받지 않도록 조심해"라고 충고한다. 존은 식사 후에 위트블레드의 방에서 커피를 마신다. 위트블레드의 노트를 빌리러 온 잭슨도 그 자리에 합석해 셋은 친해지게 된다. 밖의 시계가 오후 8시 반을 치는 소리가 들리자 잭슨은 자기 방으로 돌아가고, 위트블레드도 공부할 준비를 해야 한다고 해서 존도 자기 방으로 돌아온다.

위트블레드나 잭슨과 같은 워킹 클래스의 장학생들과 교류하는 편이 자신에게도 좋고 공부도 잘될 것이 뻔하지만, 존은 그렇게 하는 것에 대해 왠지 강한 저항감을 느낀다. 방으로 돌아오자 크리스와 친구들은 그날 밤은 웬일인지 방에서 술을 마시고 있었다. 그들은 존을 무시하고 맥주를 마시며 떠들고 있는데 병따개를 찾고 있던 크리스가 "존, 그쪽 서랍에 있어?"라고 묻자 존은 최고로 행복해진다. 크리스가 처음으로 자신을 성이 아니라 퍼스트 네임으로 불러준 것이다. 그러나 그 후에도 크리스는 존을 친구로 대하지는 않는다. 존은 대부분의 시간을 혼자서 보내고, 자신이 크리스가 된 것처럼 태어나서 처음으로 술집에서 맥주를 마시거나 담배를 피워보기도 한다. 심지어는 자신이 크리스와 같은 자신감에 넘치는 어퍼미들 클래스라면 어떨까 하고 망상에 빠지기도 한다. 그리고 기숙학교에 들어가 있는 가공의 '여동생'에게 자신은 옥스퍼드에 금방 익숙해져서 매일 밤 친구들과 즐겁게 돌아다닌다는 내용의 편지를 쓰기 시작한다.

존의 이 망상의 세계는 현실로 이어져, 그는 마을에서 그 가공의 '여동생'의 이미지에 딱 맞는 소녀를 발견하고 엉겁결에 말을 건다. 그 소녀는 사실 크리스의 여자 친구의 친척이었다. 이 사건을 계기로 존은 크리스에게서 뭔가 이상한 목적이 있는 게 아닌가 하는 의

심을 받게 되어 문제가 생긴다. 그리고 마지막에는 칼리지에서 술에 취해 떠들고 있던 무리들이 그를 연못으로 던지는, 정말이지 '옥스퍼드대학다운' 장난에 휘말린다. 존은 그것이 원인이 되어 기관지 폐렴을 앓게 되고 의무실에 수용된다. 생명에 지장은 없지만 소식을 듣고 걱정이 된 부모님이 대학을 찾아온다. 때마침 학기 말의 휴가 때로 방을 나와 택시를 타려고 하는 크리스에게 존의 부모님은 의무실이 어디냐고 묻는다. 크리스는 물론 이 볼품없는 부부가 누구인지 전혀 알아채지 못한다. 두 사람은 인사를 하고 그 자리를 떠난다. 크리스가 칼리지의 문 쪽에서 포터에게 칩을 주고 있는데 들개가 다가온다. "야, 여기는 네가 올 곳이 아니야"라고 포터가 쫓아내지만 들개는 가려고 하지 않고 으르렁댄다. 자신에게 맞지 않는 곳으로 오게 된 존 캠프를 연상시키는 매우 상징적인 결말이다.

작자인 필립 라킨은 워킹 클래스가 아니라 로워 미들 클래스 출신으로, 옥스퍼드대학에 들어가기 전에도 그래머 스쿨이 아닌 사립학교에 다니고 있었다. 따라서 이 소설이 자전적인 것이라고는 할 수 없다. 그럼에도 불구하고 그가 옥스퍼드대학에 다니는 '어퍼 클래스'의 분위기를 접했을 때 여기에서 어떻게 적응하고 과연 자신이 있을 곳을 찾아낼 수 있을까 하는 것에 대해 생각하지 않을 수 없었을 것이다. 이것은 필립 라킨이 24세 때 쓴 첫 소설로(그 이듬해에 『겨울의 소녀』라는 소설을 썼는데 그 외에는 소설을 출판하지 않았다) 플롯과 성격 묘사 등의 면에서 완성도가 높다고는 할 수 없다. 그러나 워킹 클래스인 존 캠프가 인간으로서 전혀 평가할 수 없는 어퍼 미들 클래스의 청년들을 동경하여, 다시 말해 주눅 들지 않고 자신감이 넘치는 모습으로 옥스퍼드 대학에서 학생 생활을 하고 있다는 이유만으로 그들을 동경하여 자신이 있을 곳을 잃어가는 희비극을 선명하게 묘사한 인상적인 작품이라고 할 수 있다.

'다운'과 '가운'

2014년에 공개된 《라이엇 클럽(The Riot Club)》(로네 세르피[Lone Scherfig] 감독)은 옥스퍼드대학(케임브리지대학도 마찬가지인데)의 이와 같은 배타성을 강렬하게 그린 비교적 최근에 발표된 영화다. 원작은 로라 웨이드가 2010년에 발표한 희곡 『포시』로, 여기에 나오는 라이엇 클럽도 옥스퍼드대학의 벌링던 클럽을 모델로 하고 있다. 원작인 희곡과 영화 사이에는 약간 다른 부분도 있지만, 두 작품 모두 클라이맥스는 1년에 한번 열리는 디너로 설정되어 있다. 멤버들은 술을 마시고 난장판을 만들고는 마지막에는 어처구니없는 파괴 행위를 벌인다. 에블린 워가 그린 볼링거 클럽의 멤버들은 칼리지 내에서 말썽을 일으키고, 여기에 휘말리는 상대도 클럽 외의 학생이었다. 그에 반해 로라 웨이드가 그린 라이엇 클럽의 멤버들은 옥스퍼드 마을에 있는 술집의 방을 빌려 그 방을 엉망으로 만들어놓는다. 즉 이것은 예부터 옥스퍼드와 케임브리지에서 항상 문제가 되었던 타운 앤 가운(town and gown, 마을과 대학의 대립)에 관한 이야기이기도 하다.

12세기에는 이미 마을 주민들과 대학의 학생들 사이에서 빈번하게 트러블이 발생하고 있었다. 에이든 하틀리의 에세이 「타운 앤 가운」(레이철 존슨 편, 『옥스퍼드의 신화』 1988년 수록)에 따르면 당시에는 규칙이 정해진 스포츠와 같은 것이었다고 한다. 집회 장소는 세인트 메리즈 교회와 세인트 마틴 교회(현재의 카팩스탑) 사이에 있는 하이스트리트다. 먼저 별것 아닌 것으로 언쟁을 시작한다. 언쟁은 서로 때리는 것으로 발전하고 마을 주민들은 세인트 마틴 교회로, 학생들은 세인트 메리즈 교회로 뛰어가 종을 쳐서 자기 편을 모은다. 각자 무엇이든 무기를 손에 들고 "타운! 타운!" 혹은 "가운! 가운!"이라고 외치면서 자기 편을 구하러 달려가고 그곳에서 대난투를 벌인다. 다치는 사람은 물론 다수의 사망자가 나오는 일도 적지 않았다. 그 후 벌금과 마을 사람들에게 통금 시간을 부과하여 대규모의 난투는 줄어들게 되었다. 그러나 예를 들어 『옥스퍼드의 톰 브라운』에서는 톰이 대학에서 2학기를 보냈을 때 '타운 앤 가운' 소동에 휘말리게 된다. 톰과 친구들은 마을 교외에서 열린 '야수 쇼'를 구경하러 갔는데, 학생들이 장난으로 동물에게 줄 먹이를 훔치려다 동물을 자극하는 사건이 발생한다. 전혀 칭찬할 만한 일은 아니지만 다른 상황이었다면 미숙한 젊은이들의 장난으로 여기고 그렇게까지 중대한 사건으로 취급하지는 않았을지도 모른다. 그러나 여기에 '타운'과 '가운'이 얽히면 문제는 커진다. 중세 때와 마찬가지로 "타운!, 타운!", "가운! 가운!"이라고 외치는 소리가 나기 시작하자 톰은 커다란 소용돌이에 휘말린다. 상황이 이렇게 되자 학생들은 모두 아군이 되고 톰은 신이 나서 '가운'을 위해 싸운다. 그러나 그곳에 '프락터(proctor)'라고 불리는 학생감독이 나타나 톰과 그 일행에게 이름과 칼리지를 보고하게 한후 칼리지로 돌아가라고 지시한다. 학생들이 마을을 걸어다닐 때가운을 입고 학교모를 써야 하는 것은 그들이 옥스퍼드대학의 학생이라는 지위를 드러내기 위한 것이다. 또한 그것은 학생들이 규칙을 위반하지는 않는지, 마을 사람들에게 폐를 끼치지는 않는지 등을 체크하기 위한 수단이기도 하다.

15. 영화《라이엇 클럽》에서는 멤버가 술집의 방 하나를 부숴버린다.

'타운'과 '가운'의 이와 같은 대립에는 당연히 '계급적' 요소가 개입되어 있다. 지금도 가운을 입지 않거나 학교모를 쓰지 않아도 학생들의 대부분이 어퍼 클래스와 어퍼 미들 클래스 출신이기 때문에 그들의 영어 발음을 듣고 바로 그 자리에서 그들이 '가운'이라는 사실을 알 수 있다. 영화《라이엇 클럽》에서는 특히 이러한 계급적 요소가 강조되어 있다. 원작인 희곡도 영화도 본 후의 뒷맛이 씁쓸하게 느껴져 옥스퍼드대학과 벌링던 클럽의 이미지를 훼손시키는 데 한몫하고 있다. 20세기 초에 유행했던 '브라이트 영 피플'에 대한 인식처럼, 그들의 계급만으로 '색다른 어퍼 클래스'라는 것을 용인하는 시대는 이미 끝나버렸다. 어퍼 클래스의 표상도 변해가고 있는 것이다.

제8장
새로운 어퍼 클래스와
'브라이트 영 피플'

이미 제2장에서도 언급했듯이, 애거사 크리스티의 작품에는 벨기에인 사립탐정 에르퀼 푸아로나 잉글랜드의 시골 마을에 사는 아마추어 탐정 미스 마플이 등장하지 않는 소설들도 있다. 등장인물이 우연히 탐정 역할을 하는 이야기가 있는가 하면, 애당초 '사건'다운 사건조차 일어나지 않는 것도 있다. 「에드워드 로빈슨의 남자다움」 (1934)도 그중 하나다. 줄거리는 다음과 같다.

에드워드 로빈슨은 런던에 있는 잘나가는 회사에 근무하는 사무원이다. 그에게는 머드라는 약혼자도 있어서 자신의 생활에 특별한 불만을 가지고 있지는 않다. 이 첫머리만 보더라도 당시의 영국 독자들은 주인공의 계급을 짐작할 수 있었다. '사무원'이라는 것, 약혼자의 이름이 '머드'라는 것에서 그가 로워 미들 클래스라고 추측할 수 있는 것이다(빅토리아 시대의 인기 시인이었던 앨프리드 테니슨[1809~1892]이 쓴 시 「머드[Maud]」의 히로인 이름은 그 후 특히 워킹 클래스와 로워 미들 클래스 사이에서 여자아이의 이름으로 인기가 있었다). 머드는 싸구려 블라우스를 입고 있으나 고운 피부와 예쁜 용모를 지니고 있으며, 머리도 좋고 분별력도 갖추고 있다. 아내로 삼기에는 이상적인 상대지만 어퍼 클래스와 귀족이 나오는 로맨스 소설의 애독자인 에드워드에게는 사실 어딘가 부족하게 느껴진다.

에드워드에게는 머드에게 말하지 않은 비밀이 있다. 3개월 전에 주간지에서 주관한 현상 공모에 응모했는데 운 좋게도 1등에 당첨되어 상금으로 500파운드를 받게 되었다. 그는 그 돈을 가지고 충동적으로 스포츠카를 구매한 것이다. 어느 날 혼자서 드라이브를 하다가 그는 차 물품보관함에 넣어두었던 머플러를 집으려고 보관함에 손을 넣고는 깜짝 놀란다. 머플러는 온데간데없고 다이아몬드로 된 목걸이가 들어 있는 것이다. 그는 드라이브 도중에 차를 잠시 세우고 주변을 돌아다녔는데 그때 그 근처에 비슷하게 생긴 스포츠카가 정차되어 있던 것이 생각났다. 그는 틀림없이 차를 잘못 탄 것이다. 마음을 진정시킨 후 차 안의 물품보관함을 더 뒤져보니 거기에는 '그린 마을, 솔터스 레인 모퉁이에서 10시에'라는 메모가 들어 있었다. 에드워드는 그곳으로 가서 사정을 설명하기로 결심한다. 지정된 장소에 겨우 도착하자 그곳에서 기다리고 있는 사람은 새빨간 이브닝 드레스를 입고 칠흑 같은 머리카락에 새빨간 입술을 한 미녀였다. 그녀는 처음에는 "어머나, 제럴드가 아니네"라며 놀라지만 에드워드가 자신의 이름을 밝힌 후 설명을 시작하려고 하자 끝까지 듣지도 않은 채 "대신 와줘서 고마워"라고 인사를 하면서 차에 올라탄다. 에드워드는 꿈이라도 꾸고 있는 것은 아닌가 하고 생각하지만 이 낯선 미인이 시키는 대로 자리를 바꾼 후, 그녀가 운전하는 차를 타고 런던 사교계의 꽃들이 드나드는 유명 나이트클럽으로 향한다. 그곳으로 가는 도중에 그녀는 에드워드에게 다이아몬드 목걸이를 너무나 손쉽게 훔칠 수 있었다고 자랑하듯이 이야기한다. 그리고 그녀는 나이트클럽에 도착하자 그 목걸이를 목에 걸고 에드워드와 춤을 춘다. 그러는 사이에 그녀를 아는 사람이 다가와 "레이디 노린"이라고 하면서 그녀에게 말을 걸어온다. 사교계와 인연이 없는 에드워드도 그 이름은 익히 알고 있었다.

　　에드워드는 머리가 어질어질했다. 이 여성이 누군지 알아차린 것이다. 레이디 노린 엘리엇, 바로 그 유명한 레이디 노린, 잉글랜드에서 가장 화제가 되고 있다고 해도 과언이 아닌 바로 그 사람이다. 그 미모와 대담함은 유명해서 '브라이트 영 피플'이라고 알려져 있는 사람들의 리더라고 할 수 있다.

『에드워드 로빈슨의 남자다움』

정신을 차린 에드워드가 왜 목걸이를 훔쳤냐고 묻자 레이디 노린은 "같은 것을 하고 있는 데 질려서"라고 대답한다.

　　잠시 동안은 보물찾기가 재미있었는데 뭐든 익숙해지잖아? '빈집 털기'는 내가 즉석에서 생각해낸 거야. 참가비는 50파운드, 그리고 제비뽑기를 하지. 이번이 세 번째야. 지미와 나는 애그니스 라렐라 집으로 정했어. 규칙은 이거야. 3일 이내에 빈집 털기에 성공하고 전리품을 공공장소에서 적어도 1시간 동안 걸고 있는 거야. 못 하면 참가비는 몰수당하고 심지어 100파운드의 벌금을 더 내야 해.

(상동)

에드워드는 겨우 납득했는데 갑자기 한 젊은이가 "큰일났어. 지미 바보 자식이 차를 잘못 탔어"라고 소리치며 뛰어온다. 에드워드를 지미 대신에 온 친구라고 착각하고 있었던 레이디 노린은 이번에는 에드워드를 진짜 도둑으로 착각한다. 에드워드는 레이디 노린이 '존경과 찬사'의 눈으로 자신을 바라보고 있는 것을 눈치채고는 순간적으로 도둑인 척한다. "목걸이를 애그니스 라렐라에게 돌려줘야 해"라고 애원하는 레이디 노린에게 목걸이를 돌려주고 '신사적인 도둑' 역할을 훌륭하게 연기한 후 차를 타고 사라진다. 보잘것없는 사무원인 에드워드 로빈슨의 잠시 동안의 로맨스와 모험에 관한 이야기다.

레이디 노린이라는 칭호에서 그녀가 귀족의 딸이라는 것을 알 수 있는데, 왜 그런 인물이 장난이라고는 해도 빈집 털기를 하는 것인가? 왜 '진짜 도둑'을 '존경과 찬사'의 눈으로 바라보는가? '브라이트 영 피플'로 알려진 당시 어퍼 클래스의 일부 젊은이들에 대해 모른다면 이것은 이해하기 힘들 것이다.

어퍼 클래스와 신문업계

'브라이트 영 피플' 혹은 '브라이트 영 씽스(Bright Young Things)'란 1920년대 영국에서 화려한 가장 파티와 놀이, 그리고 대규모의 장난으로 세상을 떠들썩하게 한 어퍼 클래스 중심의 젊은 그룹으로, 매스컴이 붙인 이름이다. 제1차 세계대전이 전통적인 어퍼 클래스에게 가져온 영향은 실로 엄청났다. 퍼블릭 스쿨 학생들은 졸업과 동시에(때로는 그 전에) 자원하여 사관 자격으로 전쟁터로 떠났고, 많은 이들이 그곳에서 목숨을 잃었다. 지금도 유서 깊은 남자 퍼블릭 스쿨에 가면 강당의 벽 등에 졸업생들의 이름이 새겨져 있는 것을 볼 수 있는데, 그것은 제1차 세계대전 때 목숨을 잃은 졸업생들의 리스트다. 무사히 전쟁터에서 귀환한 경우에도 전쟁이 끝난 후 원래의 생활로 돌아가는 것은 결코 쉽지 않았다. 사회 자체가 크게 바뀐 것도 그 이유 중 하나였다. 그들은 교육을 중단할 수밖에 없었고 이상과 대의명분, 목적을 잃은 채 찰나적으로 하루하루를 살아갔다. 전쟁에 나가기에는 너무 어렸던 세대의 젊은이들에게도 같은 현상이 일어나고 있었다. 그리고 '브라이트 영 피플'은 매스컴이 주로 이런 젊은이들에게 부여한 호칭이었다.

지금도 로열 패밀리와 셀럽들에 관한 기사를 보도하는 것으로 유명한 『데일리 메일(Daily Mail)』은 특히 그들의 행위를 보도하여 지명도를 높였다. 『데일리 메일』은 로워 미들 클래스의 독자들을 타깃으로 해서 1896년에 앨프리드 함스워스(Alfred Harmsworth, 1865~1922)가 창간한 신문이다. 함스워스는 1905년에 남작 작위를 수여받아 로드 노스클리프(Lord Northcliffe)가 되었다. 이것은 당시 '질 떨어진 작위'라고 비난받은, 1890년대부터 약 20년 동안(제1차 세계대전이 발발하기 전까지) 보였던 재벌들에게 작위를 수여하는 움직임의 일환으로 이루어진 것이었다. 1895년에 이른바 '신문왕'에게 최초로 작위가 수여되었다. 『모닝 포스트』지(1937년에 『데일리 텔레그래프』지가 매수함)의 소유자인 앨저넌 보스윅(Algernon

Borthwick, 1830~1908)이 남작의 작위를 받아서 로드 글레네스크(제1대 글레네스크 남작(1st Baron Glenesk))가 된 것이다. 1903년에는 『데일리 텔레그래프』지의 소유자인 해리 레비-로손(Harry Levy-Lawson, 1833~1916)도 남작이 되었다(제1대 버넘 남작(1st Viscount Burnham)). 심지어 1917년에는 캐나다 출신의 신문왕으로, 당시 세계 최대의 발행부수를 자랑했던 『데일리 익스프레스』지의 소유자인 맥스 에이킨(Max Aitken, 1879~1964)이 제1대 비버브룩(1st Baron Beaverbrook) 남작이 되었다.

유럽에서의 예와 마찬가지로 영국에서도 1880년 이후에는 지주계급의 재력과 권력이 훼손되어갔다. 농작물 가격이 현저하게 떨어져 토지는 더 이상 가장 안정된 재원이 될 수 없었다. 신문왕의 예에서도 알 수 있듯이 처음으로 지주계급 출신이 아닌 사람들이 작위를 수여받게 되었다. 데이비드 캐너딘의 말을 빌리자면 이와 같은 새로운 재벌계 귀족에 대한 최대의 비판은 '그들은 품위도 없을뿐더러 사욕이 없는 인간들도 아니다'라는 점이었다(『영국 귀족의 쇠망』 327쪽). 캐너딘은 다음과 같이 덧붙이고 있다.

토지를 가진 유한계급이 지배하는 것에 대한 정당성은—글래드스톤(영국의 총리였던 윌리엄 글래드스톤)이 항상 언급하던 것인데—그들이 의무감을 가지고 나라의 이익을 위해 지배하고 있었다는 점에서 찾아볼 수 있다. (중략) 그러나 금융업자와 자본가, 투기가, 그리고 공채를 조직하거나 정부와 계약을 맺으려고 하는 사람들에게는 '사욕이 없다'는 것은 있을 수가 없었다. 그들이 정치에 관여한 것은 그로부터 무언가 보답을 받기 위한 것으로, 무언가를 공헌하기 위한 것이 아니었다. 게다가 그들의 대다수는 자신이 지역에 속해 있다는 자각조차 하지 못했다. 하나의 토지와 연결되어 있는 역사적인 관련성, 토지에 대한 충성심을 그들은 가지고 있지 않았던 것이다.

(327쪽)

이 새로운 귀족들은 예부터 있었던 귀족과 지주만이 아니라 다른 계급의 사람들에게조차 차가운 시선을 받고 있었다.

영국의 인기 드라마 《다운튼 애비》에 대해서는 이 책에서 몇 번인가 언급했는데, 이 드라마의 시즌 2에서는 서 리처드 칼라일이라는 인물이 등장한다. 유복하고 돈을 벌기 위해서는 냉혹해지기도 하는 신문왕으로, 원하는 것을 손에 얻기 위해서는 협박도 불사한다. 그랜섬 백작의 장녀 레이디 메리와 약혼하지만 레이디 메리가 약혼을 파기하려고 하자 만약 파기하면 그녀의 비밀을 신문에 폭로하겠다고 위협한다. 그 이유는 신문을 파는 것이 자신의 일이기 때문이라며 약혼자까지 협박의 대상으로 삼고 있다.

《다운튼 애비》의 제작자인 줄리언 펠로우스의 조카 제시카 펠로우스는 『다운튼 애비의 세계』(2011)를 집필했는데 그에 따르면 서 리처드 칼라일은 로드 노스클리프와 로드 비버브룩을 모델로 한 것이라고 한다. 자신의 재력으로 칭호(서 리처드 칼라일은 작위는 받지 못했다. 로드 노스클리프와 로드 비버브룩의 경우에는 전자는 준남작으로, 후자는 나이트로서 우선 '서'라는 칭호를 받은 후 작위를 받았다)와 토지, 저택을 손에 넣었지만 결국 신사가 아니기 때문에 메리의 가족들과 친구들은 그를 받아들이지 못한다. 게다가 그가 발행하는 신문은 당시 그 숫자가 급증해서 새로운 소비층으로 존재감이 커지고 있던 로워 미들 클래스를 타깃으로 하고 있었다. 그런 독자들의 흥미를 끌기 위해서는 국내외의 정치에 대한 논설과 보도가 아니라 좀 더 센세이셔널한 뉴스와 현상금이 붙은 게임이 효과적이라고 판단했다. 이들 신문은 캐너딘의 말을 빌리자면 '어정쩡하게 교양 있는 민주주의 신문'이 되어 '일어난 사건을 보도하는 것만이 아니라 앞으로 일어나려고 하는 일에도 영향을 미치려고' 했다(327쪽). 앞에서 소개한 애거사 크리스티의 단편에서 주인공 에드워드 로빈슨이 받은 500파운드는 주간지의 현상금이었는데, 그 에드워드가 읽을 법한 당시 신문에서도 비슷한 현상 모집이 자주 이루어지고 있었던 것을 알 수 있다.

보는 쪽과 보이는 쪽으로서의 어퍼 클래스

이와 같은 신문을 읽고 있던 사람은 에드워드 로빈슨과 같은 로워 미들 클래스의 사무원만은 아니었다. 『데일리 익스프레스』와 『데일리 메일』은 어퍼 클래스의 파티와 모임을 보도하기 위해 돈이 없거나 용돈 벌이가 필요한 어퍼 클래스의 젊은이와 그들과 접점이 있는 어퍼 미들 클래스의 젊은이를 가십 라이터로 고용했다. 애거사 크리스티 소설의 주인공인 에드워드 로빈슨도 레이디 노린을 비롯한 '브라이트 영 피플'에 대한 정보를 이런 종류의 신문을 통해 얻고 있었을 것이다. 심지어 어퍼 클래스의 젊은이들 중 상당수가 자신들의 언동을, 심지어 자신의 동료들이 쓴 기사를, 이들 신문을 통해 읽고 있었던 것이다.

소설가 에블린 워는 런던의 어퍼 클래스 사교계를 풍자한『타락한 사람들』(1930)에서 역시 로드 비버브룩을 모델로 한 신문왕 로드 모노마크를 등장시키고 있다. 로드 모노마크는 가십 라이터로 '제8대 바르케안 백작'을 고용했는데 바르케안 백작은 자신이 가십 라이터라는 사실을 어퍼 클래스의 사람들에게 들켜버린다. 그 사실을 안 사교계의 안주인들은 좀처럼 그를 파티에 초대하려고 하지 않는다. 어느 날 변장을 하고 사교계의 꽃으로 주목받는 여성이 개최한 파티에 잠입하는데 변장한 것이 들켜서 파티에서 쫓겨난다. 편집장에게 이 이상 기삿거리를 제공하지 않으면 해고될 것이라는 이야기를 들은 바르케안 백작은 거짓말투성이인 스캔들 기사를 신문사에 보낸다. 그리고 나서 그는 가스 오븐에 머리를 처박고 '이렇게 해서 최후의 바르케안 백작은 선조들이 계신 곳으로 떠났습니다'라는 작자의 시니컬한 문장과 함께 퇴장한다. 그리고 더욱 아이러니한 것은 이 파티에 바르케안 백작의 고용주인 로드 모노마크가 참석하고 있었는데, 그는 백작의 행동을 보고 "변장을 하다니 꽤 쓸 만한 녀석이군. 내일 승급시켜줘야겠네"라고 이야기하고 있는 것이다. 어퍼 클래스를 기삿거리로 삼아 돈을 번 신흥 귀족의 신문에 기삿거리를 제공하지 못해 죽는 오래된 귀족 집안 청년의 최후를 그린 것으로, 그 비극이 에블린 워다운 냉소적인 필치로 담담하게 묘사되고 있다.

에블린 워가 그린 로드 모노마크는(그리고 로드 바르케안도) 가공의 인물이지만 이와 같은 신흥 귀족과 적극적으로 교류하는 어퍼 클래스들도 적지 않았다. 무엇보다도 그들은 재력과 권력을 겸비하고 있었고, 세상 물정에 밝아서 흥미로운 화젯거리를 제공하고 자극적이었다. 그리고 '미국 자본'의 경우와 마찬가지로 그들이 사교계에 받아들여진 가장 큰 이유 중에 하나는 에드워드 7세 때문이었다. 그는 '스마트 세트(smart set)'라고 불린, 주로 미국 혹은 유대인계의 자산가들과 교제하는 것을 좋아했다. 미국인의 경우와 마찬가지로, 예부터 이어져온 보수적인 귀족과 지주들보다도 그들과 이야기하거나 노는 것이 어지간히 재미있었던 것이다. 에드워드 7세는 애스터가와 로스차일드(Rothschild)가 사람들과 친하게 지냈고, 사치스러운 디너와 위트가 넘치는 대화를 좋아했다. 오래된 격식과 전통을 싫어하고, 화려한 생활과 여성과의 로맨스를 추구하는 그의 성격은 후에 사랑을 위해 왕관을 버린 손자 에드워드 8세에게로 대물림되었다.

'스마트 세트'라고 불리는 화려한 사람들은 거점을 런던에 두면서 컨트리 하우스에서 호화로운 파티를 열거나 주말에 손님을 대접하는 경우가 많았다. 농업의 불황 등으로 절약을 해야만 하는 오래된 어퍼 클래스의 지주들은 부지와 토지를 팔든가, 그렇게까지는 하지 않더라도 저택을 빌릴 사람을 찾으면 영국을 떠나 유럽과 이집트 등지를 여행했다. 그 편이 경제적이었기 때문이다. 또한 '스마트 세트'는 아니지만 마찬가지로 경제적으로 그다지 윤택하지 못한 오래된 귀족과 지주의 저택을 1, 2년 정도 빌려서 '어퍼 클래스'의 기분을 맛보는 신흥 자산가들도 있었다.

애거사 크리스티의 『침니스의 비밀』에 대해서는 이미 살펴보았다. 그 속편에 해당하는 『세븐 다이얼의 미스터리』(1929)에서는 자전거 가게의 점원으로 시작해서 부를 축적하고 '서' 칭호를 받은(나이트인지, 준남작인지는 분명하지 않다) 서 오즈월드 쿠트와 부인 레이디 쿠트가 케이터럼 후작의 저택인 침니스에서 살고 있다. 케이터럼 후작이 저택을 판 것은 아니고, 역시 경제적인 이유 때문에 2년간 오즈월드에게 저택을 빌려준 것이다.

레이디 쿠트는 집사를 비롯한 고용인들을 어떻게 다루어야 할지 몰라서 곤란해하고, 자신의 말을 전혀 듣지 않는 정원사의 수장에게 벌벌 떨고 있다. 게다가 서 오즈월드 부부가 저택을 빌려서 살고 있는 동안에 초대한 손님이 죽는 사건이 발생한다. 그 후 케이터럼 후작과 그의 딸이 저택으로 돌아오고, 이 사망 사건에 흥미를 가지게 된 딸 레이디 아일린이 수수께끼를 풀기 시작한다는 스토리다. 레이디 쿠트에게는 시종일관 기분 나쁜 표정을 짓고 있는 정원사의 수장은 "저녁에 온실의 포도를 먹고 싶은데"라는 말을 듣고는 "아직 이릅니다"라며 그녀를 찍 소리도 못 하게 만든다. 그런 그가 레이디 아일린에게는 '환영의 미소라고도 할 수 있는 표정'을 보인다. 또한 그는 "저녁에 온실의 포도를 먹고 싶어요. 물론 아직 이르지요. 늘

아직 이르다니까. 그렇지만 가져다줘요"라는 레이디 아일린의 말에 양전히 따른다. 이처럼 애거사 크리스티는 플롯과는 전혀 관계없는, 일부러 무뚝뚝한 정원사의 수장과 두 사람의 대화를 묘사하고 있다. 독자들은 이러한 묘사를 통해 오래된 귀족 가문의 편에 서서 벼락부자를 비웃을 수 있는 것이다. 레이디 아일린의 대담함, 모험심, 장난끼 넘치는 성격 등은 명백히 그녀가 '브라이트 영 피플'로 인식되는 타입의 어퍼 클래스라는 것을 드러낸다. 앞에서 살펴본 「에드워드 로빈슨의 남자다움」에서 에드워드 로빈슨이 '브라이트 영 피플'에게 그렇게 느꼈듯이, 그렇기 때문에 레이디 아일린의 모습은 화려하게 빛나는 동경의 대상이 되는 것이다.

'브라이트'의 빛과 그림자

1920년대에는 '브라이트'라는 언어가 유행하고 있었다. 작가 D. J. 테일러의 저서 『브라이트 영 피플 - 한 세대의 흥망』(2007)에 따르면 '브라이트'라는 것은 주로 사교계를 다룬 잡지와 신문에서 전쟁 전의 관습에서 벗어나려고 하거나 전쟁 전의 안정된 생활에 도전하는 듯한 행동을 하는 것을 가리켜 사용한 용어였다고 한다(17쪽). 에블린 위의 『타락한 사람들』에서는 연배가 있는 두 명의 남성이 '브라이트 영 피플'에 대해 다음과 같이 이야기하는 장면이 나온다.

제가 학교에 있던 무렵에는 선생님에게서 '무언가를 한다면 좋은 결과를 내기 위해 노력해야 한다'고 배웠습니다. (중략) 그렇지만 요즘 젊은이들은 사물을 거꾸로 보고 있고, 어쩌면 그게 옳을지도 모르겠어요. 그들은 이렇게 말해요. '좋은 결과를 낼 수 없다면 처음부터 하지 않는 편이 좋다'고요. 그러니까 그들에게는 이렇게나 모든 것이 어려운 것이겠지요.

(제8장)

좋은 결과를 얻을 수 없다면 처음부터 노력도 하지 않는다. 이렇게 그들은 그때그때 충동적으로 쾌락을 추구하며 살아간다. 『천박한 육체』의 주인공인 애덤은 연인인 니나에게 토해내듯이 말한다.

"아, 니나, 왜 이렇게 파티가 많은 거야."

(…가면 파티, 야만인 파티, 빅토리아조 파티, 그리스풍 파티, 미국 대서부 파티, 러시아풍 파티, 서커스 파티, 자기가 아닌 다른 누군가의 옷차림을 해야 하는 파티, 세인트 존스 우드(런던 주택가)의 나체나 다름없는 파티. 공동주택에서, 원룸에서, 집에서, 배에서, 호텔에서, 나이트클럽에서, 풍차에서, 수영장에서 열리는 파티. 머핀과 머랭(meringue, 달걀흰자를 저어 설탕을 넣은 것. 다른 재료와 섞어서 질감을 부드럽게 하거나 장식용으로 사용한다-역주)과 게 통조림을 먹는 학교에서 열리는 티 파티. 갈색 셰리(스페인 남부지방에서 자란 백포도로 만든 도수 높은 포도주-역주)를 마시고 터키산 담배를 피우는 옥스퍼드에서의 파티. 런

던에서 열리는 지루한 댄스파티에다 스코틀랜드에서 열리는 희극적인 파티. 파리에서 열리는 속이 안 좋아질 것 같은 댄스파티—인간들이 계속해서 모이고 그것이 반복된다…. 이 타락한 사람들….)

(제8장, 강조 표시는 원문 그대로임)

무엇 때문에 모이는지, 무엇을 원하는지도 모른 채 타성적으로 변화를 추구하고, 새로운 오락의 테마를 찾고, 무언가에 쫓기듯이 계속해서 파티에 가는 젊은이들. 그들의 댄스는 '죽음의 무도'라고 할 수 있을 것이다. 그리고 등장하는 '브라이트 영 피플'의 중심인물 중 한 명으로, 귀족의 딸인 애거사 런시블은 구경하러 간 카 레이스에서 어찌 된 영문인지 '대리 드라이버'를 맡게 된다. 그러나 레이스를 몇 번 돈 시점에서 컨트롤이 되지 않아 코스에서 이탈하고 만다. 병원으로 이송되지만 그녀는 그곳에서 사망한다. '브라이드 영 피플'의 광기 어린 즐거움을 상징하는 충격적인 결말인 것이다.

기행(奇行)의 이모저모

에블린 위는 25세 때 이 소설을 썼는데 당시 그도 브라이트 영 피플 중 한 명이었다. 현재 옥스퍼드대학 출판국에서 시리즈로 출판하고 있는 『에블린 위 전집』의 제2권 『타락한 사람들』에 수록된 마

제8장 새로운 어퍼 클래스와 '브라이트 영 피플' 215

틴 스태너드의 해설에 따르면 '미국 대서부' 파티와 '자기가 아닌 다른 누군가의 옷차림'을 한 파티, 수영장 파티 등은 실제로 런던에서 이루어졌다고 한다. 특히 수영장 파티는 애거사 런시블의 모델이라고 일컬어지는 고명한 정치가 아서 폰손비(Arthur Ponsonby)의 딸 엘리자베스(1900~1940)와 크랜브룩 백작(Earl of Cranbrook)의 차남인 에드워드 개손-하디(Edward Gathorne-Hardy, 1901~1978) 등이 1928년 7월 13일 밤 11시부터 런던의 공영수영장을 빌려서 연 것이다. 손님에게는 각자 수영복과 타월, 술을 가져오도록 초대장을 보냈다. '수영장과 보틀 파티(Bath and Bottle Party)'로 알려지게 된 이 한여름 밤의 파티는 D. J. 테일러의 말을 빌리면 '브라이트 영 피플의 극치'였다고 한다(『브라이트 영 피플』 2쪽). 손님은 화려한 색깔의 수영복을 입고 나타나(이 시대에 수영복 파티는 매우 대담한 것이었다) 흑인 밴드의 음악에 맞춰 댄스에 몰두한다. 『데일리 익스프레스』지의 칼럼에 따르면 구경을 하기 위해 마련된 2층석에는 칵테일 바가 설치되어 있었는데, 바텐더도 수영복 차림이었다고 한다. 이 파티도 그들의 다른 파티들과 마찬가지로 다음 날 신문의 가십란에 대대적으로 보도되었다. 이 파티에 잠입하지 못한 가십 칼럼니스트들은 체면을 잃지 않기 위해서라도 다른 일로 그 자리에 갈 수 없었다는 핑계를 대며 다녀야만 했다.

'브라이트 영 피플'이 세상을 떠들썩하게 한 것은 이와 같은 대담하고 참신한 파티에 의한 것만은 아니었다.

THEY USED TO THINK THAT THE DEAR OLD BOTTLE-AND-PYJAMA PARTY WAS QUITE ORIGINAL

TILL THEY WENT ONE BETTER WITH THE BATHING SUPPER-PARTY.

16. 브라이트 영 피플을 풍자한 4칸짜리 만화에서. '파자마 파티'와 '수영장 파티'.
Punch, Almanack Number, 1929년 11월 4일.

'보물찾기'도 그들이 얼마 동안 빠져 있던 놀이로 매스컴에 대대적으로 보도되었다. 1924년 7월 26일 자『데일리 메일』조간에는 '사교계의 새로운 게임', '런던에서 벌인 한밤중의 카 체이스', '자동차 50대', '브라이트 영 피플'이라는 표제어가 나란히 적혀 있었다. 처음에는 소규모로 이루어졌던 이 보물찾기가 50대나 되는 차들이 한밤중에 런던을 폭주하는 소동으로 번진 것이다. 참가자는 힌트가 적힌 종이를 건네받은 후 거기에 적혀 있는 수수께끼를 풀면 그다음으로 이동해야 할 곳, 해야 할 것을 알 수 있는 형태로 되어 있다. 이렇게 해서 가장 먼저 종점에 도착한 사람이 '보물'을 손에 쥘 수 있다. 지금도 아이들의 파티 등에서 자주 하는 게임인데, 물론 '브라이트 영 피플'의 경우에는 그 규모가 달랐다. 다음 힌트를 얻기 위해 남의 집 부지에도 침입한 그들의 행동이 화려하게 보도되었다. 본 챕터의 서두에서 소개한 애거사 크리스티의 단편에서도 로워 미들 클래스 출신의 주인공인 에드워드 로빈슨이 어퍼 클래스 젊은이들의 이와 같은 기행(奇行)을『데일리 메일』에서 몰두해서 읽고 있는 모습을 상상해볼 수 있다.

　게다가 그들은 대대적으로 못된 장난을 쳤는데 그중에서도 가장 악명 높은 것이 '브루노 햇(Bruno Hat)' 전람회였다. 중심인물은 제2대 모인 남작 브라이언 기니스(2nd Baron Moyne Bryan Guinness, 1905~1992, 맥주회사의 경영자 일가)와 그의 부인이자 낸시 미트퍼드의 여동생인 다이애나(Diana, 1910~2003, 후에 브라이언과 이혼하고 유명한 파시스트인 준남작 서 오즈월드 모즐리[Sir Oswald Mosley]와 재혼한다)다. 계획을 생각해낸 것은 시인인 브라이언 하워드(1905~1958)였다고 한다. 그들은 '브루노 햇'이라는 이름의 예술가를 꾸며내어 화가인 존 번팅(1902~1972)의 도움을 받아 조르주 브라크와 피카소풍의 '예술작품'을 적당히 만들어냈다. 그리고 기니스 부부의 집에서 비공식 관람회를 개최했다. 에블린 워가 작품에 대한 비평을 그럴듯하게 써냈고, 작품의 카탈로그도 만들었다. 거기에는 브루노 햇의 경력이 적혀 있었는데, 그는 독일 북부 출신으로 현재 31세이며, 영국으로 건너와 잡화점을 경영하고 있다. 독학으로 그림을 배워 그때까지 자신의 작품을 사람들 앞에 선보인 적이 없었는데, 한 달 전에 파리로 유출된 그의 작품 몇 개가 곧바로 유명해져서 이번 전람회를 개최하게 되었다는 것이다. 초대받은 손님과 저널리스트들은 심지어 그곳에서 브루노 햇과 만날 수 있었다. 훌륭한 콧수염을 달고, 선글라스를 쓰고, 독일식 억양이 있는 영어로 중얼거리며 휠체어에 앉아 있는 남성이었다. 그는 사실 다이애나의 오빠인 톰 미트퍼드(1909~1945)였다. D. J. 테일러는 이 장난에 걸려든 사람은 거의 없다는 견해를 보이고 있으나 『데일리 익스프레스』지는 '예술 전문가에 대한 경악할 만한 못된 장난, 가짜 수염의 알려지지 않은 브루노 햇 씨'라고 대대적으로 보도했다(『브라이트 영 피플』 129쪽).

왕실과 매스컴

　D. J. 테일러는 1927년이 되면 이미 '브라이트 영 피플'의 시대는

끝나가고 있었다고 기술하고 있다. 매스컴이 멋대로 붙인 이름으로, 조금이라도 눈에 띄는 짓을 하는 어퍼 클래스의 젊은이들에게 이 이름을 붙였기 때문에 그 멤버가 실제로 누구였는지는 현재로서는 분명하지 않다. 몇 대나 이어지는 귀족과 지주 가문 출신도 있었는가 하면, 에블린 워와 사진가 겸 디자이너인 세실 비튼(1904~1980)과 같은 어퍼 미들 클래스 출신들도 있었다. 그들은 브라이트 영 피플과의 교류를 통해 작품의 영감을 얻고, 커리어를 쌓아가는 데 밑바탕이 될 연줄을 얻은 후 브라이트 영 피플의 세계를 뒤로했다. 그러나 그중에는 엘리자베스 폰손비와 같이 과도한 음주 때문에 간이 손상되어 40세의 젊은 나이에 사망한, 현재는 '브라이트 영 피플 중 한 사람'으로만 이름이 알려진 이들도 있다. 그들도 역시 제1차 세계대전의 희생자라고 할 수 있을 것이다. 그러나 매스컴이 만들어낸 그들의 모습은 '마이 페이스로 주변에서 자신을 어떻게 생각하는지 전혀 신경 쓰지 않는, 대담하고 색다르다'는 것이었다. 이 때문에 미들 클래스에게는 동경의 대상이 될 수 있는 어퍼 클래스의 이미지가 강화된 것이다.

현재 영국에서는 '어퍼 클래스'의 언동과 스캔들이 가십을 다루는 신문의 표제어를 장식하는 일은 줄어들었다. 영국에서는 전쟁 후에 '사교계 데뷔'라는, 궁정에서 열리는 세리머니가 폐지되었다. '어퍼 클래스'의 사교계는 분명히 존재하지만 눈에 보이지 않게 된 것이 그 이유 중 하나일 것이다. 매스컴의 관심은 오로지 왕실 멤버에게 집중되어 있고, 엘리자베스 여왕의 자식들과 손자들은 그 나름대로 화젯거리를 제공하고 있다. 그러나 왕실 멤버들이 매스컴에 쫓기는 것은 어제오늘의 일이 아니다. 도덕적으로 스캔들과는 관계가 없어 보였던 빅토리아 여왕도 항상 왕실을 향해 호기심 어린 눈을 돌리는 매스컴을 피하기 위해 런던에서 멀리 떨어진 장소에 사적으로 휴양을 즐길 수 있는 별장을 구입했다. 사진과 뉴스 간행물의 보급으로 이전의 왕족 이상으로 항상 공공의 눈에 노출되어 있었던 것이다. 별장 중에는 와이트섬에 있는 오즈본이라는 오래된 저택을 이탈리아풍으로 개축한 여름 별장이 있다. 빅토리아는 이곳에서 만년을 보냈다(이후 나라에 기증해 현재 일반인에게 공개되고 있다). 또 하나는 스코틀랜드의 발모럴성으로, 지금도 왕실이 사적인 휴가를 즐기기 위해 찾는 곳이다(현재는 4월부터 7월까지 저택 중 무도회장과 정원을 공개하고 있다).

빅토리아의 손자인 에드워드 8세가 1936년에 아버지 조지 5세의 뒤를 이어 왕이 된 지 1년도 채 되지 않았을 때, 왕위를 포기하고 이혼 경력이 있는 미국인 월리스 심프슨 부인과 결혼한 것은 영국뿐만 아니라 세계의 매스컴을 떠들썩하게 했다. 그의 동생인 조지 6세와 엘리자베스 여왕은 성실하고 책임감이 강해 우스꽝스러운 기사에 오르내리는 일은 없었으나 엘리자베스 여왕의 여동생인 고(故) 마거릿 공주는 그 화려한 사교 생활과 연애로 말미암아 매스컴의 알맞은 먹잇감이 되었다. 엘리자베스 여왕의 자녀들도 막내인 에드워드 왕자를 제외하고는 모두 이혼 경력이 있어서 그들의 결혼과 부정행위, 이혼을 둘러싼 스캔들이 보도되었다. 최근에는 차남인 앤드루 왕자가 아동 매춘으로 유죄 판결을 받은 미국인 실업가 제프리 엡스타인에게서 소개받은 미성년자와 성관계를 가진 것이 대대적으로 보도되었다. 그다음 세대에 관해서는 찰스의 차남 해리 왕자와 아내 메건 마클이 2021년에 정식으로 왕실을 떠난 후, 같은 해 미국의 토크 프로그램 '오프라 윈프리 쇼'에 출연해 왕실 멤버가 '인종차별 발언'을 했다고 이야기한 것은 기억에 새롭다. 매스컴이 다른 귀족과 어퍼 클래스를 화젯거리로 삼지 않아도 왕실만으로도 충분히 재료를 제공하고 있는 것이다.

왕실 이외의 예를 살펴보면, 2016년 8월에 64세로 급사한 아버지의 칭호와 막대한 재산을 25세의 젊은 나이로 물려받은 제7대 웨스트민스터 공작(7th Duke of Westminster)이 '영국의 최신 억만장자'(『더 가디언』 2016년 8월 11일), '불쌍한 부자의 아들'(『더 선데이 타임스』 2016년 8월 14일)이라는 식으로 신문에 보도되었다. 『더 가디언』은 '장자상속제도로 누나 2명을 제치고 상속'이라는 작은 표제어를 붙이고 있는데, 이것은 현대의 영국 독자들이 어퍼 클래스의 상속제도에 익숙하지 않기 때문일 것이다. 그러나 상속을 받을 때까지 그로브너 백작(Earl Grosvenor)이었던 이 젊은 공작은 그 전까지는 거의 매스컴에 등장하지 않았다(그가 윌리엄 왕자의 장남인 조지의 대부 중 한 명이 되었을 때 이름이 보도되기는 했다). 다른 귀족과 그 외 어퍼 클래스의 젊은이들도 마찬가지일 것이다. 현대에 들어서는 '브라이트 영 피플'을 왕실 멤버를 포함한 '셀럽'들이 대신하게 되었다고 할 수 있다.

제9장
현대 어퍼 클래스의 이미지

베드퍼드 공작의 회고록

　대부분의 영국인들이 '어퍼 클래스'에 대해 알게 된 것은 소설과 연극, 그리고 20세기 이후에는 영화와 텔레비전 드라마를 통해서이고, 가까이서 '진짜'를 볼 기회는 그리 많지 않았다. 20세기 전반까지는 그들의 저택에서 고용인으로 일하는 인구가 결코 적지 않았으나 고용인이라도 직접 고용주와 이야기할 수 있는 것은 '어퍼 서번트(upper servant)'라고 불리는 집사와 가정부, 주인의 신변 잡일을 하는 하인, 안주인의 하녀 등 '지위가 높은' 사람들이었다. 남자 하인은 손님이 방문하면 문을 열고 저녁을 먹을 때 식사 시중을 드는 등 화려한 의복을 입고 모습을 드러내는 것이 업무 중 하나였지만, 보통 하녀들은 이야기는커녕 고용주와 그 손님들 앞에서 모습을 드러내는 것조차 용납되지 않았다. 식당과 응접실 청소는 오전 중에, 즉 가족과 손님들이 아직 침실에 있는 시간에 끝내야 했다. 혹시 청소를 하다가 얼떨결에 가족이나 손님과 마주치게 되면 고용인이 도망갈 수 있도록 복도 등에 얼핏 봐서는 벽과 구별이 안 되는 '비밀의 문'을 만들어놓은 저택도 있었다.

　어퍼 클래스가 작업을 하고 있는 모습을 보고 싶어 하지 않은 상대는 집안의 고용인만이 아니었다. 제13대 베드퍼드 공작은 작위를 물려받은 후 1959년에 출판한 회고록『은도금의 스푼』에서 자신과 사이가 좋지 않았던 할아버지와 아버지의 괴짜다운 모습에 대해

적고 있다. 그 기록에 따르면 아버지가 내팽개쳐 폐허가 된 저택을 아내와 고용인과 함께 수리했을 때 전기 배선이 너무나 엉망이라는 사실을 알게 되었다. 그 이유를 저택에 출입하는 전기기사에게 물어보니 그 원인이 할아버지에게 있다는 것이 판명되었다. 할아버지, 즉 11대 베드퍼드 공작은 자신이 보는 앞에서 기술자가 작업하는 것을 용납하지 않았다. 저택에서 메인 계단의 배선작업을 하고 있을 때에는 계단의 위와 아래에 각각 망을 보는 사람이 있어야 했다. 공작이 모습을 드러내면 기술자들은 바로 가까이에 있던 장식장 등에 몸을 숨기고 공작이 그 자리를 지나갈 때까지 나올 수 없었던 것이다. 이런 상태에서는 당연히 제대로 된 배선을 할 수 없었을 것이다.

공작과 직접 접할 일은 없었더라도 그 기이한 버릇과 괴짜다운 모습은 고용인과 지역 사람들에게 잘 알려져 있었다. 그렇기 때문에 귀족과 어퍼 클래스 지주들의 기행은 이런 종류의 회고록과 에세이, 미디어의 보도를 통해 널리 알려져 있었다. 역사가 그레고리 D. 필립스의 저서 『고집스러운 저항자』(1979)에 따르면 이와 같은 회고록은 특히 에드워드 왕조 때(1901~1910) 많이 저술되었다고 한다. 그는 급속하게 변해가는 사회 속에서 자신들의 지위와 역할을 확인하기 위한 목적이 있었던 것은 아닐까 하고 지적한다. 그것들의 대부분은 현재 절판되었지만 필립스에 따르면 대체로 비슷한 내용들로, '컨트리 하우스에서 보낸 어린 시절, 거버니스와 사냥터의 파수꾼과 친구로 지냈던 경험, 초등학교와 퍼블릭 스쿨, 그 후에는 대학에서의 생활, 여우 사냥의 첫 경험' 등이 즐비하게 널려 있다(17쪽). 필자들은 모두 자신의 가문에 대해 굉장한 프라이드를 드러내고 있으며, 선조의 기이한 버릇에 대해서는 적고 있어도 스캔들에 대해서는 거의 기술하지 않고 있다.

이러한 종류의 회고록에서 보이는 베드퍼드 공작의 필치는 아버지와 할아버지가 사이가 좋지 않았던 만큼 거리낌이 없다. 그에 의하면 할아버지인 제11대 베드퍼드 공작은 친구가 없었고, 저택에 머무르는 손님은 거의 친척들이었다고 한다. 그 때문인지는 모르지만 손님을 불러도 그들을 대접하는 방식에는 상당히 문제가 있었다. 이것은 다른 귀족에 대한 회상에서도 자주 언급되는 것으로, 손님들에게 정확하게 시간을 지키도록 요구했다. 컨트리 하우스에서 머무를 때에는 조식은 대체로 뷔페 스타일로, 손님은 호텔의 조식처럼 일정한 시간 내에는 자유롭게 식당에 갈 수 있었고 기혼 여성의 경우에는 하녀가 방까지 식사를 가져와 침대에서 먹는 경우도 있었다. 그러나 베드퍼드 가문의 경우는 달랐다.

조식에는 전원이 참석해야 했다. 할아버지가 내려오기 전에 모두 준비를 마치고 계단 밑에 모여 있다가 할아버지가 등장하면 전부 그 뒤를 따라서 식당에 들어가야 했다. 조식은 아침 8시 반, 점심은 낮 1시 반, 저녁 식사는 오후 8시라는 식으로 모두 시간을 지켜야만 했다.

(19쪽)

시간을 정확히 지키도록 강요하는 것은 그나마 나은 편이었다. 식사 시간에 늦으면 뒷정리를 하는 고용인들의 식사 시간과 취침 시간까지 늦어져 그들이 눈살을 찌푸리기 때문에 오히려 고용주로서 배려하는 것이라고도 볼 수 있다. 그러나 제11대 베드퍼드 공작은 대접하는 역할로서는 아무리 봐도 손님에 대한 배려가 부족했다. 그의 손자는 할아버지와의 저녁 식사에 대해 다음과 같이 이야기하고 있다.

> 식사는 언제나 30분을 넘는 일이 없었고, 보통은 그보다도 훨씬 짧았다. 할아버지로부터 가까운 쪽에는 큰 마호가니로 제작된 3층짜리 회전식 식품대가 놓여 있었다. 그 위에는 래디시(서양식 무-역주)와 잎양파 등으로 만든 오르되브르(가벼운 전채요리-역주) 접시가 놓여 있어서 할아버지는 거기에서 좋아하는 것들을 골라 먹었다. 이것은 할아버지만을 위한 것으로 다른 사람들에게는 전혀 제공되지 않았다.
>
> (20쪽)

공작은 항상 레드 와인에 얼음을 넣어 마셨고, 자신의 생일에는 샴페인 하프 보틀(half-bottle)을 마셨다. 이것도 공작에게만 제공되었고, 다른 사람들에게 대접하는 일을 없었다.

식사 시간이 짧은 것은 기본적으로 대화가 없다는 것을 의미한다. 베드퍼드 공작은 "할아버지는 인간을 좋아하지 않아서 거의 이야기를 하는 일이 없었다"고 회상한다. 인간은 싫어하지만 동물은 매우 좋아해서 제11대 베드퍼드 공작은 14살 때부터 런던동물학협회의 회원이었다. 동물 보호, 특히 멸종위기종의 보호 운동을 활발히 전개했고, 보기 드문 동물은 스스로 입수해서 우번 애비에서 사육했다. 제5장에서도 언급했듯이 손자인 제13대 베드퍼드 공작은 1970년에 저택의 유지 수단 중 하나로 부지에 사파리 파크를 개장했는데, 그것도 이 할아버지가 사자, 호랑이, 들소, 앤틸롭 등의 동물들을 수집하고 있었던 것이 계기가 되었다.

같은 테이블에 앉아 있는 사람들을 완전히 무시하고 자신이 좋아하는 것만 먹는, 대접하는 역할을 해야 하는 사람답지 않은 이 습관은 그의 아들인 제12대 공작에게로 이어졌다. 제13대 공작은 아버지에 대해 다음과 같이 회상하고 있다.

> 아버지가 송어를 낚았을 때에는 설령 저녁 식사에 상당히 많은 수의 손님들이 초대되었더라도 그것은 아버지만이 먹을 수 있었다. 다른 사람들에게는 대구 등 아랫사람들에게 어울리는 음식을 제공했다. 도요새와 꺅도요를 잡아왔을 때에도 마찬가지였다. 아버지는 저녁 식사로 그 포획물을 먹었는데, 다른 사람들에게는 스튜 등 그보다 소박한 음식을 제공했다. 이것은 가족뿐만 아니라 집에 손님이 와 있을 때도 마찬가지였다.

(41쪽)

낸시 미트퍼드의 소설

앞에서 기술했듯이 제13대 베드퍼드 공작은 아버지, 할아버지와는 달리 붙임성이 좋아서 자신의 집을 관광객에게 공개하고 그들을 직접 상대했다. 또한 텔레비전에 출연하기도 하고, 저택을 나체주의자들의 집회장으로 빌려주어 화제가 되기도 했다. 그러나 저택을 유지하기 위해 관광객을 모으려고 일부러 이와 같은 활동을 하는 귀족과 어퍼 클래스의 지주들은 결코 많지 않았다. 대부분의 사람들에게 어퍼 클래스는 주로 미들 클래스의 작가들이 쓴 희곡과 소설에 등장하는 인물들이었다. 셰익스피어의 역사극에 등장하는 음모와 권력투쟁에 몰두하는 왕족과 귀족들, 17세기의 이른바 '왕정복고' 희극(왕정복고기는 청교도혁명 이후 왕위가 비어 있던 기간을 거쳐 잉글랜드, 스코틀랜드, 아일랜드의 왕가가 찰스 2세를 중심으로 부활된 1660년부터 1685년까지를 가리킨다. 1642년부터 1660년까지는 공식적으로 연극이 금지되어 있었는데 1660년부터 극장이 재개되었고, 프랑스 연극의 영향을 받은 오락성이 짙은 새로운 희극이 탄생하게 되었다. 이 시대의 관객들은 상류층이 대부분이어서 그 결과 연극은 민중으로부터 멀어지게 되었다-역주)에 등장하는 연애나 불륜에 빠져 있거나 재산과 토지를 둘러싸고 서로 경쟁하는 불량한 귀족들, 영국의 총리이자 소설가이기도 했던 벤저민 디즈레일리의 소설에 나오는 이상주의적인 보수당의 어퍼 클래스 청년들, 오스카 와일드의 희극에 등장하는 기지가 넘치고 세련되지만 도덕 관념이 결여되어 있는 어퍼 클래스의 남녀…. 영국 문학에는 정말이지 다양한 타입의 어퍼 클래스 사람들이 묘사되어 있다.

20세기 이후에는 대중적인 소설을 쓰는 작가 중에서 지금도 여전한 인기를 자랑하는 유머 소설가 P. G. 우드하우스(1881~1975)와 추리 소설가 애거사 크리스티가 어퍼 클래스를 '사랑할 수밖에 없는 괴짜'로 잘 묘사하고 있다. 우드하우스의 작품으로 가장 유명한 것은 우수한 하인과 마음씨는 좋지만 도저히 지적이라고는 할 수 없는 어퍼 클래스의 젊은이인 버티 우스터를 주인공으로 한 일련의 시리즈물이다. 그 밖에도 저택에 틀어박혀 가장 아끼는 돼지에게 말을 거는 것을 더없는 행복이라고 여기는 로드 엠스워스 시리즈도 인기가 있다. 크리스티의 작품으로는 이미 소개한 『침니스의 비밀』의 주인공인 로드 케이터럼 등도 '사랑할 수밖에 없는 괴짜' 중 한 명이라고 할 수 있다.

그러나 이들 작가들은 어디까지나 미들 클래스(로워부터 어퍼 미들까지 다양하기는 하지만)로, '진정한' 어퍼 클래스가 쓴 것이 '진짜'라는 인식 때문에 사람들의 인기를 얻었다. 이 책에서도 이미 몇 번인가 언급한 제2대 리즈데일 남작의 딸 낸시 미트퍼드가 쓴 소설과 에세이는 '진정한 어퍼 클래스'를 묘사한 것으로 큰 인기를 얻었다. 또한 미트퍼드가 소설에서 그린 특이한 귀족 일가가 그대로 미트퍼드 가문을 묘사한 것처럼 받아들여져, 낸시 이외의 미트퍼드 가문 사람들에게도 호기심 어린 시선이 집중되기도 했다.

미트퍼드 집안은 유서 깊은 가문이다. 낸시의 할아버지인 앨저넌 프리먼 미트퍼드(1837~1916)는 제2장에서도 기술한 것처럼 외교관으로, 나중에 그 체험과 추억을 몇 권의 책으로 정리했다. 1915년에 출판된 『회고록』의 첫머리에서는 먼저 자신의 가문에 대해 다음과 같이 언급하고 있다. 휴가 중에 호텔 식당에서 옆 자리에 앉은 신사에게 자기 소개를 하자 신사는 "굉장합니다! 당신이 엑스버리의 미스터 미트퍼드와 애시번햄의 레이디 조지아나(Lady Georgiana)의 아드님이라면 당신은 정말 잉글랜드에서 가장 오래된 2개의 색슨계 가문 출신입니다. 훌륭하신 분이군요!"라고 말했다(『회고록』, 2쪽). 미트퍼드는 상대방의 이름을 물었고, 그가 명성 있는 가계도 연구자인 서 버너드 버크(Sir Bernard Burke, 1814~1892)라는 사실을 알게 되었다. 버크는 역시 가계도 연구자인 아버지와 함께 1847년부터 귀족명감을 발행하고 있었다. 그러므로 상대방의 정체를 알게 된 미트퍼드의 기분이 더욱 좋아진 것도 당연하다.

앨저넌 미트퍼드는 지적 호기심이 왕성해서 영국 이외의 나라에도 큰 관심을 가져 어니스트 사토(Ernest Satow)와 함께 일본학 연구자로 높은 평가를 받기도 했다. 그의 아들이자 낸시 미트퍼드의 아버지인 데이비드 프리먼 미트퍼드(David Freeman Mitford, 1878~1958)는 좀처럼 책을 읽지 않았고—작가 로라 톰슨은 낸시 미트퍼드의 전기 『추운 나라에서의 인생』(2003)에서 사실은 그가 실독증을 앓고 있었다는 설도 있다고 주장하고 있다(23쪽).—사교를 싫어하고 외국도 싫어하는 '특이한 귀족'의 전형적인 인물이었다. 이러한 이미지는 특히 낸시가 쓴 '반자전적'인 소설 『사랑의 추구』(1945)와 『추운 나라에서의 연애』를 통해 알려지게 되었는데, 낸시의 여동생인 제시카 미트퍼드

(Jessica Mitford, 1917~1996)가 1960년에 출판한 회상록『딸들과 반역자들』에서도 그 특이한 모습이 강조되고 있다.

앨저넌 미트퍼드는 1902년에 작위를 수여받아 남작이 되었는데, 그것을 물려받아야 할 장남이 1915년에 제1차 세계대전에 참전 중 전사했기 때문에 차남인 데이비드가 이듬해에 제2대 리즈데일 남작이 되었다. 데이비드는 어렸을 때부터 간질병을 앓고 있었고, 그것은 어른이 되어서도 사라지지 않았다. 낸시는 처음으로 발표한 소설『하이랜드 플링』(1931, 한 사람이 추는 아주 빠른 스코틀랜드의 춤-역주)에서도 아버지를 모델로 한 특이한 인물을 등장시키고 있다. 그러나 역시 독자들에게는『사랑의 추구』와『추운 나라에서의 연애』에 등장하는 '매슈 아저씨'를 통해 그려진 데이비드의 모습이 가장 잘 알려져 있다.

낸시 미트퍼드의 소설에는 미트퍼드 가문의 아이들(낸시를 필두로 파멜라, 토머스, 다이애나, 유니티, 제시카 그리고 후에 데번셔 공작 부인[Duchess of Devonshire]이 되는 데버라. 1남 6녀)의 습관과 말투, 체험 등이 담겨 있다. 그러나 다이애나와 유니티는 나치를 지지하고, 제시카는 공산당을 지지했는데, 그러한 정치사상에 관해서는 거의 다루고 있지 않아서 낸시가 어디까지나 '전기'가 아닌 픽션을 썼다는 점은 분명하다. 특히 낸시가『사랑의 추구』로 인기작가가 된 후에는 미트퍼드 가문이 매스컴의 주목을 받게 되어 한 집에서 정치사상이 대립하고 있다는 것, 사교계에 데뷔한 아가씨들 중 한 명이 난민 캠프에서 일하고 있고, 다른 한 명은 투옥되었다는 것 등이 자주 보도되었다. 현대의 셀럽과 마찬가지로 매스컴에 항상 쫓기고 있었던 만큼 당시 독자들은 소설과 보도되는 '사실'

17. 미트퍼드 가문의 7명의 자녀들 중에서 유니티(왼쪽 위), 낸시(왼쪽 아래),
제시카(가운데), 다이애나(오른쪽). 1932년 1월 6일.

과의 간극에 대해 충분히 이해하고 있었을 것이다. 항상 사물의 우
스꽝스러운 면을 찾아내어 포복절도하고, 무슨 일이 일어나더라도
유연하게 받아들이며 심각해지는 것을 거부하는, 마치 태생적으로
'브라이트 영 피플'인 것 같은 미트퍼드의 자녀들은 미트퍼드 가문
의 전기를 쓴 작가들이 서술한 것처럼, 분명히 낸시가 묘사한 '밝은'

면을 지니고 있었다.

그렇기 때문에 사상적으로 적대적이었던 다이애나와 제시카는
아무 일도 없었던 것처럼 전화로 경박한 수다에 몰두할 수 있었고,
형제들은 항상 서로 연락을 취하면서 누군가가 병에 걸리면 달려가
서 간병을 해주는 관계를 유지할 수 있었던 것이다. 한편 그들의 아
버지인 데이비드는 그들처럼 글을 쓰거나 텔레비전에 나오는 일도
없었고, 매스컴에 보도되는 일도 별로 없었던 만큼 낸시가 묘사한
'매슈 아저씨' 그대로라는 인식이 독자들에게 강하게 남아 있었다.

'매슈 아저씨'는 감정의 기복이 심하고 사람에 대해서는 '아주 좋
든지', '아주 싫든지' 둘 중 하나로 그 중간이 없었다. '약삭빠른' 여자
를 너무 싫어해서 아들은 이튼에 보냈지만 딸을 학교에 보내는 것
은 완강히 거부했다. 네 마리의 훌륭한 사냥개를 키우고 있고, 그 개
들로 아이들을 '사냥'하는 놀이를 즐겼다. 미트퍼드는 그 모습을 이
렇게 묘사하고 있다.

아이들 중 두 명이 먼저 처음으로 출발하고 냄새를 맡고 추
적하는 사냥개의 뒤를 매슈 아저씨와 다른 아이들이 말을 타고
따라온다. 정말 즐거운 놀이였다.

(『사랑의 추구』 제1장)

그러나 이 광경을 본 미들 클래스의 사람들은 경악했고, '매슈 아

저씨'는 소설에 나오는 '사악한 귀족' 그 자체로 인식되었다. 이 소설과 그 속편은 1980년에는 영국의 민영방송에서, 2001년에는 BBC에서 『추운 나라에서의 연애』라는 제목으로 방영되었는데, 양쪽 모두이 '매슈 아저씨'의 '아이들 사냥'이라는 장면으로 시작된다. 미들 클래스의 상식을 뛰어넘는, 정말로 '어퍼 클래스'다운 놀이라고 생각했을 것이다.

> 아이들과 매슈 아저씨의 관계는 진영을 빼앗기 위한 술래잡기 같은 것이었다. 아이들은 아저씨를 화나기 직전까지 도발한다. 아저씨는 때로는 대단한 일도 용서하지만, 때로는 명확한 이유도 없이 발을 조금 내민 것만으로도 달려들었다. 만약 그들이 가난한 집의 아이들이었다면 마구 소리를 지르거나 화를 내고 때리는 아버지로부터 분리시켜 어딘가 적당한 가정에 맡기거나 혹은 아저씨가 아이들로부터 분리되어 그들을 제대로 교육시키지 않았다는 이유로 투옥되었을지도 모른다.

(제1장)

여기에서 내레이터인 페니는 '매슈 아저씨'가 어퍼 클래스이기 때문에 법망을 피해갔다고 말하고 싶은 것이 아니다. 그녀는 다음과 같이 덧붙이고 있다.

> 그러나 자연은 구원을 가져온다. 라드렛 가문의 아이들은 매

슈 아저씨의 성질을 충분히 물려받아서 이와 같은 폭풍에도 견
딜 수 있었던 것이다.

어퍼 클래스의 피를 물려받았기 때문에 아이들에게도 이와 같은
생활이 그다지 힘들지 않았다고 이야기함으로써 그들의 감성과 감
각, 가치관이 다른 계급 사람들과는 전혀 다르다는 것을 강조하고
있는 것이다.

실제 데이비드 미트퍼드는 '아이들 사냥'을 하지 않았고, 딸들이
원하면 학교에 보냈으며, '매슈 아저씨'만큼 폭력적인 분노를 노골
적으로 드러내는 일도 없었다. 낸시의 여동생인 다이애나와 첫 남
편인 브라이언 기니스 사이에서 태어난 아들 조너선 기니스는 저
서 『미트퍼드 일가』(1984)에서 데이비드의 몇 가지 기이한 버릇 중에
서 차가운 홍차를 좋아했던 점을 들고 있다. 홍차를 끓여 잠시 벽난
로 등에 올려놓은 후 완전히 식어버린 것을 좋아했는데, 때때로 하
녀가 방치해둔 컵을 찾아내고는 치워버렸다. 그것을 방지하기 위해
데이비드는 금고에 홍차를 넣어두고 식히게 되었다고 한다. 기니스
는 단지 하녀에게 주의를 주면 끝나는 일을 그렇게 하지 않고 이렇
게까지 하는 것은 데이비드가 고용인을 굉장히 배려하고 있었기 때
문이라고 지적한다. 그렇다고는 해도 역시 상당히 특이한 배려심처
럼 보이기는 한다. 실제로 미트퍼드 가문의 고용인들은 은퇴할 때
까지 거의 그만두는 일이 없었다고 한다(243쪽).

그렇지만 데이비드가 간질을 앓고 있었고, 호불호가 강하며, 외

국인을 싫어한 것은 분명하다. 제시카의 회상록『딸들과 반역자들』
(1960)에서는 다음과 같은 에피소드를 소개하고 있다.

> 낸시, 파멜라, 톰과 다이애나가 어렸을 때 겪은 고생은 이미
> 전설로 남아 있었다. 어느 날 그들은 무모하게도 어느 저명한
> 독일인 과학자를 티타임에 초대했다. 그러나 아버지가 '지긋지
> 긋한 독일 놈'을 집에 들인다고 생각하는 것만으로도 격분했기
> 때문에 그들은 그 교수에게 전화를 걸어 "오시지 않는 편이 좋
> 겠습니다"라고 설명해야만 했다. 그 후 일주일 동안 아무도 서
> 로 말을 섞지 않았다.
>
> (31쪽)

제시카에 따르면 아버지는 낸시의 소설에 묘사된 자신의 모습에
화를 내기는커녕 마음에 들어 했다고 한다. 그리고 로라 톰슨에 따
르면 미트퍼드의 딸들은 후에 낸시가 쓴 픽션 속의 아버지의 모습
을 실제 아버지의 모습과 중첩시켰다고 한다. 또한 데이비드 미트
퍼드 자신도 낸시의『사랑의 추구』를 읽으면서 "아니야. 그렇지 않
아. 그 승마용 채찍은 캐나다가 아니라 오스트리아 놈한테 받았어"
라고 중얼거리면서 '정정'했다고 한다(26쪽). 1980년에 BBC가 낸시 미
트퍼드에 관한 다큐멘터리 프로그램《낸시 미트퍼드 - 여동생들에
의한 초상》을 방영했을 때 제시카, 데버라, 파멜라가 각자 아버지
에 대한 추억을 이야기했는데, 로라 톰슨은 그것에 대해 "그들도 또

한 픽션이라는 프리즘을 통해 아버지를 보고 싶어 했던 것 같다"고 서술하고 있다(27쪽). 데이비드 미트퍼드가 상당한 괴짜였다는 것은 분명하지만, 낸시가 아버지를 바탕으로 만들어낸 허구의 인물을 여동생들과 아버지 자신도 '진짜'로 받아들이게 되면서 그 인물의 이미지가 강화되어 널리 퍼지게 된 것이다. 반대로 말하면 픽션과 현실은 그렇게 가까운 거리에 있는, 호환이 가능한 것으로, 그렇기 때문에 이 경우에도 픽션의 요소가 많은 묘사라고 하더라도 특이한 '어퍼 클래스'이기 때문에 있을 수 있는 현실로 받아들이는 것이다.

'어퍼 클래스'의 강점과 매력은 사람들이 자신들을 어떻게 생각할까, 어떻게 보고 있을까 하는 것을 전혀 신경 쓰지 않는 점이라고 한다. 그런 의미에서 그들은 '워킹 클래스'의 사람들과도 공통점이 있다. 그러나 누리소통망(SNS) 등을 통해 정보가 일찍이 볼 수 없던 속도로 빠르고 광범위하게 확산되는 시대에, 또한 인종, 젠더, 계급, 종교 등에 관한 '부적절한' 발언이 허용되지 않는 시대에 과연 어퍼 클래스의 언동과 이미지는 달라졌을까?

주목받는 귀족들

어떤 의미에서는 귀족과 어퍼 클래스의 생활이 옛날보다는 일반인들에게 가까워진 면도 있을 것이다. 제4장에서도 다룬 것처럼 그들의 상당수가 그 주거인 컨트리 하우스의 일부와 정원을 일반인들에게 공개하고, 또한 그것을 회의장과 파티장으로 제공하는 비즈니스를 하면서 그 유지비를 조달하고 있다. 그뿐만 아니라 관광객을 기쁘게 하기 위해 기꺼이 부지를 돌아다니고 매점의 카운터에 서 있기도 한다. 예를 들어 제21대 세이 앤 셀 남작(Baron Saye and Sele)의 주거지로 12세기에 지어진 브로튼성(Broughton Castle)은 《셰익스피어 인 러브》(1998)와 《제인 에어》(2011) 등의 영화 촬영지로 사용되어 많은 관광객들을 모으고 있다. 저널리스트인 제임스 레지나토의 『위대한 집, 현대의 귀족』(2016)에 따르면 어느 날 남작 부인이 매점의 카운터에서 잔돈을 건네는 데 조금 시간이 걸리자 손님인 미국인 여성이 짜증을 내면서 "왜 이런 사람을 고용한 거야!"라고 일부러 들리도록 말했다고 한다. 또한 남작 자신은 정원사나 입장료를 징수하는 사람으로 자주 오해를 받는다고 한다(150쪽). 이 에피소드에 대해 말한 것은 남작의 차남인 마틴 파인즈(Martin Fiennes)의 아내 폴린인데 그녀는 싱가포르 출신으로 저택에서는 항상 하녀로 오해를 받는다고 한다.

관광객에게 가장 인기있는 컨트리 하우스 중 하나인 블렌하임 궁전의 주인인 제12대 말버러 공작(찰스)은 약물의존증과 체포 경력이 있는 '문제아'로 알려져 있다. 그가 상속받았을 때 "관광객에게 공개되고 있는 집 같은 데서 살지 어떨지 모르겠다"고 발언한 것이 보도되기도 했다. 아버지 제11대 공작은 네 번 결혼했고, 마지막 부인인 릴리는 공작보다도 31세나 연하인 인도 출신이었다. 그들이 2008년에 결혼했을 때 매스컴은 '이국적'이라는 말을 연발했다. 영국이 스스로를 '다민족 국가'라고 인정한 21세기에도 대대로 전해지는 귀족 집안에 피부색이 다른 사람이 결혼해서 들어오는 것은 드문 일이었을 것이다. 후계자인 아들의 마약 문제로 골머리를 앓고 있던 공작은 아들에게 상속을 해주지 않으려고 법적인 수단에 호소하는 전례 없는 시도를 하려고 했다. 당연히 부자지간은 최악의 상태가 됐고, 한때 11대 공작과 세 번째 아내와의 사이에서 태어난 아들 에드워드가 후계자가 되는 것은 아닐까 하는 입소문이 사교계에 퍼지기도 했다. 그러나 릴리가 두 사람이 화해할 수 있도록 중재하여 2014년에 공작이 심장 발작으로 죽자 첫 번째 아내와의 사이에서 태어난 찰스가 무사히 제12대 공작이 되었다. 매스컴이 떠든 말과는 달리 제12대 공작은 블렌하임 궁전의, 그전까지 공개되지 않았던 가족들의 사적인 공간과 《다운튼 애비》의 인기로 흥미가 생긴 고용인들의 공간을 투어로 기획하여 인기를 모으고 있다.

외국 출신으로 '이국적'인 귀족 부인 중에는 훨씬 사악한 인물도 있다. 『위대한 집, 현대의 귀족』에서도 소개하고 있는 제10대 섀프츠베리 백작(10th Earl of Shaftesbury)의 아내로, 남편의 사후에는 '백작 미망인(dowager countess)'이라는 칭호를 부여받은 저밀라 무바렉(Jamila M' Barek)이다. 그녀는 남편을 살해한 죄로 현재 교도소에 수감 중이다. 제10대 섀프츠베리 백작은 상속받은 저택인 세인트 자일스 하우스를 유지해야 한다는 스트레스를 견디지 못한 나머지, 1995년에 아내와 아이를 버리고 프랑스로 도망쳤다. 심지가 강한 레이디 섀프츠베리(Lady Shaftesbury)의 노력으로 저택의 상황은 겨우 회복되었다. 그러나 백작은 프랑스에서 수상한 여자들과 관계를 맺으며 타락한 삶을 살고 있었다. 백작이 저밀라와 만난 것은 이른바 '에스코트' 알선을 통해서다. 튀니지인 어머니와 모로코인 아버지 사이에서 태어난 저밀라는 이혼 경력이 있고, 남부 프랑스의 리조트 지역에서 셀럽과 부자들을 상대하는 '에스코트', 즉 고급 매춘부였다. 두 사람은 2002년에 결혼했는데, 2년 뒤에 백작은 이미 결혼을 후회하고 이혼을 준비하기 시작했다. 후회하고 있었다고 해도 백작은 그때 이미 접객업을 하는 다른 여성(매춘부라는 이야기도 있다)과 사귀고 있었다. 이혼으로 재산을 잃게 되는 것을 두려워한 저밀라는 남동생과 공모해 백작을 살해하고 시체를 유기했다. 그녀는 2005년에 체포되었고, 2007년에 열린 재판에서는 그녀에게 20년의 금고형이 선고됐다. 제임스 레지나토는 『위대한 집, 현대의 귀족』에서 죄인이어도 칭호를 박탈하는 경우는 없기 때문에 저밀라는 영국에서 유일하게 교도소에 있는 '백작 미망인'이라고 언급하고 있다.

그 후 백작의 장남이 제11대 백작을 이어받았지만 심장 발작으로 급사했기 때문에 뉴욕에서 DJ를 하고 있던 차남 니컬러스(Nicholas)가 결국 영국으로 불려와 작위를 상속받았다. 니컬러스는 이튼이 맞지 않아 퇴학하고 다른 학교를 다닌 후 맨체스터대학에서 경제학을 전공했다. 귀족의 자식들이 당연하게 퍼블릭 스쿨에서 옥스퍼드대학이나 케임브리지대학으로 진학하던 시대는 끝난 것이다. 니컬러스는 차남이기 때문에 태평하게 자신이 좋아하는 일을 하고 있었으나 형이 죽자 런던 비즈니스 스쿨에서 자격증을 따는 등 저택 운영을 위해 준비했다. 비즈니스나 돈벌이와는 관련이 없었던 어퍼 클래스들은 대대로 전해지는 저택을 유지하기 위해 지금은 관광업 등의 상업이 그들에게는 빼놓을 수 없는 요소가 되었다.

이렇게 가끔씩 신문과 주간지의 표제어에 등장하고, 텔레비전의 토크 프로그램에 출연하기도 하며, 관광객들에게 공개하고 있는 저택과 부지에서 갑자기 모습을 드러내기도 하는 귀족과 지주는 그래도 역시 영국의 대부분의 사람들에게는 셀럽이나 왕실의 멤버와 비교해봐도 거리가 '먼' 존재들이다. 그럼에도 불구하고 영국의 문학과 문화에서는 '어퍼 클래스'들이 항상 다양한 모습으로 지속적으로 묘사되고 있다. 그것은 때로는 사악하고, 때로는 우스꽝스러운 익살꾼이며, 때로는 히어로 또는 히로인이다. 영국의 '고용인'들이 실제로 그들과 접할 수 없었던 것처럼, 현대에서 '어퍼 클래스'는 실제로 그들과 만나거나 접한 적이 없는 대부분의 사람들에게는 여전히 커다란 흥미의 대상인 것이다.

후기

　나 자신에 관한 이야기로 시작해보면, 내가 처음으로 쓴 저서의 테마는 영국의 '로워 미들 클래스'였다. 문학에 나타난 그들의 모습, 그 상승 지향성, 거드름 피우는 모습이 때로는 우스꽝스럽고 때로는 비극적이며 때로는 위협적으로 묘사되고 있는 것이 상당히 흥미로웠다. 그 후에도 '영화에서 나타난 표상', '고용인으로서의 로워 미들 클래스' 등 다양한 형태로 그들에 대한 연구를 지속해왔다. 그러던 어느 날 대학원 시절의 지도교수에게 "로워 미들 클래스는 슬슬 이 정도로 하고 이번에는 어퍼 클래스로 눈을 돌리면 어떨까요?"라는 이야기를 들었다. 그때는 "아, 그러게요. 정말 그러네요"라고 말하면서 얼버무렸는데 마음속으로는 그것은 상당히 어려운 작업일 것이라고 생각했다. '로워 미들 클래스'의 경우에도 그 정의와 실태는 다양하고, 특히 19세기 이후의 소설과 연극에서는 항상 어떤 형태로든 그 모습을 볼 수 있다. 그렇기 때문에 자료와 문헌도 많아서 다루기 까다로운 대상임에는 틀림없다. 그러나 '어퍼 클래스'라고 하면 그 역사도 너무나 길고 심지어 그 존재감은 매우 크다고 할 수 있다.

　'로워 미들 클래스'는 19세기 후반 정도까지는 이른바 사회의 '주변적'인 존재로, 중앙 무대에 진출하게 된 것은 최근의 일이다. 이 책 「들어가며」에서 언급한 것처럼 영국의 사회, 정치, 문화의 모든 면을 형성하고 그 중심적인 존재였던 어퍼 클래스 사람들과는 완전히 다르다. 내 전공은 역사학이 아니기 때문에 예를 들어 영국 문학에 나타난 그들의 표상에 연구의 초점을 맞춘다고 하더라도 결코 쉽지는 않을 것이다. 셰익스피어 주변부터 시작한다고 해도 실로 방대한 자료를 읽어야 한다. 게다가 지금까지 어퍼 클래스에 대해 문학작품과 회고록, 전기, 자서전을 읽으면서 받은 가장 큰 인상은 그들이 상당히 폐쇄적인, 회원제로 된 사교 클럽의 멤버와 같은 존재라는 것이다. 이미지는 어찌 됐든 실태를 연구하는 것은 매우 어려운 일처럼 생각되었다.

본문 제9장에서도 다룬 역사학자 그레고리 D. 필립스는 저서『고집스러운 저항자』에서 어퍼 클래스의 이미지에 대해 다음과 같이 지적하고 있다.

> 동시대(19세기 후반부터 20세기 전반)의 문필가들은 어퍼 클래스의 사람들에게 많은 자질을 부여해왔다. 특이하다는 것, 지적이지 않다는 것, 의무감 등이 그것이다. 그러나 가장 그들이 빈번하게 언급해온 것은 냉정함과 자신감일 것이다.
>
> (13쪽)

냉정함이란 '무슨 일이 있어도 감정을 겉으로 드러내지 않는다', '동요하지 않는다'는 것이다. 이러한 성질을 나타내는 것으로 '윗입술을 움직이지 않는다(stiff upper lip)'는 표현이 있다. 원래는 식민지에서 어퍼 클래스와 어퍼 미들 클래스의 영국인들이 현지 사람들에게 약점을 보이지 않기 위해 한 행동에서 온 용어라고 하는데, 이것은 현재 '영국다움'을 나타내는 표현이 되었다. 1997년에 프린세스 다이애나가 사고로 죽자 그녀가 살고 있던 켄싱턴 궁전에 꽃을 바치러 온 사람들이 카메라 앞에서 흐느껴 우는 것을 보고 "영국은 변했다. 미국처럼 되었다"고 한탄하는 사람들도 있었다. 그러나 예를 들어 최근에 자주 보이는 '전쟁 중의 영국'에 관한 회고와 표상에서는 '공습 때문에 지하철로 피신한 사람들이 씩씩하게 노래를 부르고 차를 마시며 견뎠다', '무슨 일이 있어도 참고 차를 마시며 강하게 버텼다'는 등의 '냉정함'이 영국인 전체의 자질로 표현되고 있다.

'자신감'에 대해서도 마찬가지다. 분명히 미들 클래스, 특히 로워 미들 클래스들은 자신에게 자신감이 없고 사람들이 자신에 대해 어떻게 생각하는지를 항상 신경 쓰고 있다는 이미지를 가지고 있다. 그들은 어퍼 클래스가 가진, 다른 사람을 전혀 신경 쓰지 않는 '자신감'과는 관계가 없을지도 모른다. 그러나 한편으로 영국인 속에서 살고 있으면 계급을 막론하고 그들이 영국인이라는 것에 일종의 자신감을 가지고 있다는 것을 언제나 느낄 수 있다. 19세기의 코믹 오페라 《전함 피나포어(H. M. S. Pinafore)》(W. S. 길버트[W. S. Gilbert] 작사, 아서 설리번[Arthur Sullivan] 작곡)의 「그는 영국인!」이라는 노래와 1960년대의 콤비 작곡가 도널드 스완(Donald Swann)과 작사가 마이클 플랜더스(Michael Flanders)의 '영국인, 영국인, 영국인이 최고다'라고 시작하는 「애국적 편견의 노래」 등의 예를 들 필요도 없이, 그들이 외국에 별로 흥미가 없고 영국인이라는 것에 만족하는 분위기를 느낄 수 있는 것이다.

즉 영국의 어퍼 클래스는 다른 모든 것들과 마찬가지로 영국의 국민성도 형성해왔다. 지금까지 수행해온 로워 미들 클래스의 연구 과정에서도 '로워 미들 클래스다운'이라고 하는 많은 것들이 사실은 '어퍼 클래스'에서 시작되어 점점 사회 계급을 따라 아래로 내려온 것이라는 점이 분명하게 드러난다.

이러한 것을 생각하고 있을 때 우연히 하쿠스이샤(白水社)의 가스야 야스코(糟谷泰子) 씨에게 "영국의 어퍼 클래스에 대해 써보시지 않겠습니까?"라는 권유를 받았다. 가스야 씨는 졸저『집사와 하녀의 안과 밖 - 영국 문화에 나타난 고용인의 이미지』로 함께 일한 적이 있는데, 이 책의 테마뿐만 아니라 다양한 제안과 어드바이스 그리고 영감을 받았었다. 절묘한 타이밍에 이 책의 집필 제안을 받기도 해서 가스야 씨와 함께라면 이 거대한 테마를 어떻게든 요리할 수 있을지도 모르겠다고 생각하게 되었다. 그리고 어퍼 클래스에 대한 자료를 찾고 소설과 연극을 읽으며 드라마와 영화를 보고 있는 사이에 역시 가장 많이 나오는 것은 어딘가 종잡을 수 없는 어퍼 클래스 그 자체만이 아니라는 점을 깨닫게 되었다. 그들의 이미지를 만들어내고 확산시키는 미들 클래스의 문필가들, 그리고 그 이미지와 모습을 포착해 영국 문화의 일부로 그 지위를 공고하게 하는 독자와 시청자들의 문제를 생각해야만 했던 것이다.

'고용인'과는 달리 영국의 어퍼 클래스는 그 권력과 부, 그리고 존재감이 이전과는 비교할 수 없을 정도로 축소된 지금도(물론 예외도 적지 않

^{지만} 분명히 존재하고 있다. 이전처럼 '작위가 있다', '어퍼 클래스다'라는 것만으로 매스컴에서 그들의 행위를 다루는 일은 없어졌지만, 또한 대부분의 영국인들이 그들과 접할 기회도 거의 사라졌지만, 그들은 영국을 이야기할 때 매우 중요한 부분을 차지한다. 영국인들이 그들에게 가지고 있는 이미지, 그리고 그들의 실태 중 아주 일부분이라도 이 책을 통해 접할 수 있게 되기를 바란다.

역자 후기

지구 반대편에 있는 나라 영국에 대해서 우리는 '신사의 나라', 과거 세계를 주름잡았던 '대영제국'이라는 이미지를 가지고 있다. 문학에 조금 익숙한 사람이라면 셰익스피어, 제인 오스틴, 셜록 홈즈와 애거사 크리스티의 추리소설 등을 통해서 각 작품들이 탄생한 당시의 영국 문화를 간접적으로 체험했을 것이다. 최근에는 다양한 미디어를 통해서 영국에 관한 드라마가 우리나라에도 소개되고 있는데, 그 계기가 된 것 중 하나가 본서에서도 여러 번 언급되고 있는 드라마 《다운튼 애비》일 것이다. 20세기 이전의 영국을 다룬 영화나 드라마가 주로 어퍼 클래스나 어퍼 미들 클래스에 초점을 맞추고 있다면, 이 드라마는 귀족의 저택에서 일하는 사람들의 시점을 개입시키고 있어 시청자들에게 매우 신선하게 다가왔다. 그런 만큼 영국 계급사회의 일단을 엿볼 수 있었다.

역자 역시 문학작품과 영화, 드라마를 통해서 영국을 접했고, 그 나름대로 영국 문화에 대해 이해하고 있다고 생각했다. 그러나 본서의 번역을 맡게 되어 처음으로 전체를 읽어본 후 지금까지 영국에 대해서 정확히 이해하지 못하고 있었다는 것을 깨달았다. 그와 동시에 문학이나 드라마, 영화 등을 통해서 막연하게 알고 있던 것들이 점점 명확해지면서 다양한 스토리들 속에 함의되어 있는 의미들이 구슬을 실로 꿰듯이 하나로 연결되었다. 본서에서는 주로 18

세기부터 현대까지의 '어퍼 클래스'에 대해서 다루고 있는데 그들은 영국의 정치, 경제, 역사, 문화를 만들어왔고, 심지어 영국인의 국민성을 형성하는 데 기여했다. 어퍼 클래스의 가문들이 오랫동안 이어져올 수 있었던 것은 그들이 컨트리 하우스를 중심으로 그 지역의 구성원들과 호흡하면서 '노블레스 오블리주'를 실행해왔기 때문이다. 현대에 와서는 막대한 상속세와 컨트리 하우스 유지비로 곤궁에 처하기도 하고, 사회가 변화함에 따라 그들의 지위가 예전 같지는 않지만 자신의 가문에 대한 자부심과 지역에 대한 애착은 그들의 뿌리라고 할 수 있는 컨트리 하우스를 지키려는 노력으로 드러난다. 이와 같이 지배계급에게 수반되는 사회에 대한 의무와 책임이 그들을 존속시켜온 하나의 힘이었다는 점은 현재의 우리에게도 시사하는 바가 크다.

또한 본서에서 흥미로웠던 것은 기존의 유럽에서 미국으로 중심이 점차 옮겨가는 시대의 변화를 어퍼 클래스의 결혼을 통해서 읽어낼 수 있다는 점이다. 새롭게 부상한 미국의 거대한 자본은 존속 위기에 처해 있던 많은 어퍼 클래스를 구제했고, 그것이 윈스턴 처칠이라는 인물을 낳기도 했다. 이것은 미국의 자본이 영국 문화를 유지하는 데 중요한 역할을 했다는 것을 드러낸다.

현재 우리가 미디어를 통해서 영국의 어퍼 클래스를 접하는 것처럼, 당시에도 많은 작가들이 어퍼 클래스의 이미지를 생산해왔다. 그러한 점에서 소설, 희곡 등이 만들어낸 그들의 이미지와 자서전, 회고록 등을 통해 그들의 실태를 밝히는 것은 실로 지난한 작업이라고 할 수 있다. 본서는 이러한 작업을 충실이 수행하여 영국 문화를 우리에게 안내하는 길라잡이의 역할을 하고 있다. 본서를 통해서 독자들이 베일에 싸여 있던 영국 문화의 일단을 엿보는 즐거운 시간을 가질 수 있기를 바란다.

2022년 10월

옮긴이 김정희

도판 일람

1. 테오도르 샤세리오 「세 명의 마녀와 만난 맥베스와 뱅코」 1855년.
   https://en.wikipedia.org/wiki/Th%C3%A9odore_Chass%C3%A9riau#/
   media/File:MacbethAndBanquo-Witches.jpg

2. 레이디 캐서린. *Pride and Prejudice,* 1895년판에 수록된 C. E. Brock의 삽화.
   https://en.wikipedia.org/wiki/Lady_Catherine_de_Bourgh#/media/ File:Lady_
   Catherine_de_Bourg.jpg

3. 디브렛『귀족·준남작 명감』2003년판 표지(저자 소장)

4. 프랜시스 오스틴(왼쪽)
   https://en.wikipedia.org/wiki/Francis_Austen#/media/File:Francis Austen.jpg
   찰스 오스틴(오른쪽)
   https://en.wikipedia.org/wiki/Charles_Austen#/media/File:Sir_Charles_John_
   Austen.jpg

5. 『거울 나라의 앨리스』삽화는 존 테니얼. 사진:게티이미지뱅크

6. 런던, 리버티 백화점.
   https://ja.wikipedia.org/wiki/%E3%83%AA%E3%83%90%E3%83%86%E3%8
   2%A3%E7%99%BE%E8%B2%A8%E5%BA%97#/media/%E3%83%95%E3%8
   2%A1%E3%82%A4%E3%83%AB:Liberty_London_21.jpg

7. 놀 하우스. 2009년 3월 28일.
   https://en.wikipedia.org/wiki/Knole#/media/File:Knole,_Sevenoaks_ in_
   Kent_-_March_2009.jpg photo by Diliff

8. 버킹엄셔에 있는 영국 총리의 별택. 체커스 코트.
   https://ja.wikipedia.org/wiki/%E3%82%A4%E3%82%AE%E3%83%AA
   %E3%8 2%B9%E3%81%AE%E9%A6%96%E7%9B%B8#/media/%E3%83%95
   %E3%82%A1%E3%82%A4%E3%83%AB:Chequers2.jpg
   photo by Stephen Simpson

9. 카롤루스 뒤랑 「캐럴라인 애스터의 초상」, 1890년.
   https://en.wikipedia.org/wiki/Caroline_Schermerhorn_Astor#/media/
   File:Carolus-Duran_-_Mrs._William_Astor(Caroline_Webster_Schermerhorn,_
   1831%E2%80%931908).jpg

10. 레이디 랜돌프 처칠의 포트레이트. 1880년경.

   https://en.wikipedia.org/wiki/Lady_Randolph_Churchill#/media/ File:Lady_
   Jennie_Spencer-Churchill(1854-1921)(A)jpg

11. 에이본강에서 본 워릭성.

   https://ja.wikipedia.org/wiki/%E3%82%A6%E3%82%A9%E3%83%AA%E3%
   83%83%E3%82%AF%E5%9F%8E#/media/%E3%83%95%E3%82%A1%E3%
   82%A4%E3%83%AB:Warwick_Castle_-mist_23o2007.jpg

12. 볼리우 팰러스 하우스.

   https://en.wikipedia.org/wiki/Beaulieu_Palace_House#/media/ File:Beaulieu_
   Palace_House3.JPG

13. 카날레토 「대운하 입구, 베네치아」 1730년경.

   https://en.wikipedia.org/wiki/Canaletto#/media/File:Canaletto_-_The_
   Entrance_to_the_Grand_Canal,_Venice_-_Google_Art_Project.jpg

14. 벌링던 클럽의 로고(1852년)

   https://en.wikipedia.org/wiki/Bullingdon_Club#/media/File:Bullingdon_
   Crest.jpg

15. 영화 《라이엇 클럽》 중에서. 사진 : Mary Evans/PPS 통신사

16. 브라이트 영 피플을 풍자한 4칸짜리 만화에서 '파자마 파티'와 '수영장
    파티'. *Punch,* Almanack Number, 1929년 11월 4일. 사진 : Mary Evans
    Picture Library/ aflo

17. 미트퍼드 가문의 7명의 자녀들 중에서 유니티(왼쪽 위), 낸시(왼쪽 아래), 제시카
    (가운데), 다이애나(오른쪽). 1932년 1월 6일.

   https://www.wikiwand.com/tr/Nancy_Mitford#Media/Dosya:Nancy,_Diana,_
   Unity_and_Jessica_Mitford._Sketch_magazine_cover_1932.jpg

인용문헌 일람

* 텍스트에서 인용한 것은 모두 저자가 번역한 것이다.

Appleyard, Diana, *Playing with Fire,* Black Swan, 2005

Austen, Jane, *Mansfield Park,* 1814

Austen, Jane, *Persuasion,* 1818

Austen, Jane, *Pride and Prejudice,* 1813

Beaulieu, Lord Montagu of, *The Gilt and the Gingerbread, or How to Live in a Stately Home and Make Money,* Sphere Books, 1967

Bedford, John Duke of, *A Silver-Plated Spoon,* 1959; The Reprint Society, 1960

Balsan, Consuelo Vanderbilt *The Glitter and the Gold,* 1973; Hodder, 2011

Barrie, James, *The Admirable Crichton,* 1902

Barrie, James, *Peter Pan,* 1911

Black, Jeremy, *The British Abroad: The Grand Tour in the Eighteenth Century,* Sutton, 2003

Blair, *Oxford Ways: A Descriptioin of Undergraduate Life,* Basil Blackwell, 1926

Brockliss, *L. W. B., The University of Oxford: A History,* Oxford University Press, 2016

Buckle, Richard, ed., *U and Non-U Revisited,* Debrett, 1978

Cannadine, David, *The Decline and Fall of the British Aristocracy,* 1990

Christie, Agatha, *The Mysterious Mr Quin,* 1940

Christie, Agatha, *The Secret of Chimneys,* 1925

Christie, Agatha, *The Seven Dials Mystery,* 1929

Collins, Iris, *Jane Austen and the Clergy,* Hambledon and London, 2002

Collins, Wilkie, *Basil,* 1852

Debrett's Correct Form: Standard Styles of Address for Everyone from Peers to Presidents, Headline, 2002

De Courcy, Anne, *The Husband Hunters: American Heiresses Who Married into the British Aristocracy,* St. Martin's Press, 2017

Disraeli, Benjamin, *Coningsby,* 1844

Driberg, Tom, *Ruling Passions,* Jonathan Cape, 1977

Eade, Philip, *Evelyn Waugh: A Life Revisited,* Weidenfeld and Nicolson, 2016

Elliott, Philip, *The Sociology of the Professions,* Macmillan, 1972

Fellowes, Jessica, *The World of Downton Abbey,* St. Martin's Press, 2011

Fellowes, Julian, *Snobs,* 2004

Freeman-Mitford, Algernon Bertram, *Memories,* 1915

Gathorne-Hardy, Jonathan, *The Public School Phenomenon, 597~1977,* Hodder and Stoughton, 1977

Graham, Ysenda Maxtone, *Terms and Conditions: Life in Girls' Boarding Schools 1939~1979,* Abacus, 2017

Guinness, Jonathan, *The House of Mitford,* Phoenix, 1984

Hollis, Christopher, *Oxford in the Twenties: Recollection of Five Friends,* Heinemann, 1976

Horniman, Roy, *Israel Rank: The Autobiography of a Criminal,* 1907

Hughes, Thomas, *Tom Brown at Oxford,* 1861

Humble, Nicola, *The Feminine Middlebrow Novel, 1920s to 1950s: Class, Domesticity, and Bohemianism,* Oxford University Press, 2001

Ishiguro, Kazuo, *The Remains of the Day,* Faber and Faber, 1989

James, Henry, *Daisy Miller,* 1878

James, Lawrence, *Aristocrats Power, Grace and Decadence: Britain's Great Ruling Classes since 1066,* Little, Brown, 2009

Johnson, Rachel, ed., *Oxford Myth,* 1988

Larkin, Philip, *Jill,* 1946

Lassels, Richard, *The Voyage of Italy,* 1670

Lawrence, D. H., *Lady Chatterley's Lover,* 1928

MacColl, Gail and Carol Mcd. Wallace, *To Marry an English Lord: Tales of Wealth and Marriage, Sex and Snobbery in the Gilded Age,* Workman Publishing, 2012

May, Trevor, *The Victorian Clergyman,* Shire Library, 2006

Mitford, Jessica, *Hons and Rebels,* 1960

Mitford, Nancy, *Love in a Cold Climate,* 1848

Mitford, Nancy, ed., *Noblesse Oblige: An Enquiry into the Identifiable*

Characteristics of the English Aristocracy, 1956,

Mitford, Nancy, *The Pursuit of Love,* 1945

Mount, Harry, 'Bye bye, Buller', *The Spectator,* 18 February, 2017

Peacham, Henry, *The Compleat Gentleman,* 1634

Phillips, Gregory D., *The Diehards: Aristocratic Society and Politics in Edwardian England,* Harvard University Press, 1979

Pym, Barbara, *An Unsuitable Attachment,* 1982

Reginato, James, *Great Houses, Modern Aristocrats,* Rizzoli, 2016

Sackville-West, Vita, *The Edwardians,* 1930

Shakespeare, William, *Macbeth,* 1606

Stannard, Martin, 'Introduction', *The Complete Works of Evelyn Waugh Volume 2: Vile Bodies,* Oxford University Press, 2017

Stone, Lawrence and Jeanne C. Fawtier Stone, *An Open Elite? England 1540~1880,* Clarendon Press, 1984

Taylor, D. J., *Bright Young People The Rise and Fall of a Generation: 1918~1940,* Vintage Books, 2008

Thompson, Laura, *Life in a Cold Climate: Nancy Mitford The Biography,* Pegasus Books, 2019

Tinniswood, Adrian, *The House Party: A Short History of Leisure, Pleasure and the Country House Weekend,* 2019

Tinniswood, Adrian, *The Polite Tourist: Four Centuries of Country House Visiting,* Harry N. Abrams, 1999

Waugh, Evelyn, *Brideshead Revisited,* 1945

Waugh, Evelyn, *Decline and Fall,* 1928

Waugh, Evelyn, *A Handful of Dust,* 1934

Waugh, Evelyn, *A Little Learning,* 1964

Waugh, Evelyn, *Vile Bodies,* 1930

Wharton, Edith, *The Buccaneers,* 1938

Wilde, Oscar, *Lady Windermere's Fan,* 1892

영국 상류계급의 문화

초판 1 쇄 인쇄 2022 년 11 월 10 일
초판 1 쇄 발행 2022 년 11 월 15 일

저자 : 아라이 메구미
번역 : 김정희

펴낸이 : 이동섭
편집 : 이민규
디자인 : 조세연
영업 · 마케팅 : 송정환 , 조정훈
e-BOOK : 홍인표 , 서찬웅 , 최정수 , 김은혜 , 이홍비
관리 : 이윤미

㈜에이케이커뮤니케이션즈
등록 1996 년 7 월 9 일 (제 302-1996-00026 호)
주소 : 04002 서울 마포구 동교로 17 안길 28, 2 층
TEL : 02-702-7963~5 FAX : 02-702-7988
http://www.amusementkorea.co.kr

ISBN 979-11-274-5702-0 03920

ノブレス・オブリージュ イギリスの上流階級
Noblesse Oblige: Image and Representation of the British Upper Class
by 新井潤美
© Megumi Arai 2021
© AK Communications, inc. 2022 for the Korean language edition.
Korean translation rights arranged with HAKUSUISHA Publishing Co., Ltd.
through Namuare Agency.

창작을 위한 아이디어 자료

AK 트리비아 시리즈

-AK TRIVIA SPECIAL